海外で学ぶ子どもの教育

日本人学校、補習授業校の
新たな挑戦

佐藤郡衛　中村雅治
植野美穂　見世千賀子
近田由紀子　岡村郁子
渋谷真樹　佐々信行
・著

明石書店

はじめに――海外の子どもの教育をめぐる課題

中村雅治

読者のみなさんは、海外にある日本人学校、補習授業校がどのような学校か、ご存じですか？　詳細は後述しますが、この本では日本人学校、補習授業校で行ったＡＧ５事業の研究を紹介いたします。ＡＧ５とは〝Advanced Global Five Projects〟の略称ですが、文部科学省の「在外教育施設の高度グローバル人材育成拠点事業」のことです。本書は、その成果をもとにしていますが、メンバーが自分の意見や主張などを折り込みながら執筆したものです。この研究成果にこれからの社会が海外で学ぶ子どもたちに求める資質・能力育成へのヒントが隠されているかもしれません。

現在の子どもたちやこれからの子どもたちが成人して社会で活躍するころには、社会の環境はいままでの延長線上になく劇的に変化していることが予想されます。近年のグローバル化の進展や絶え間ない技術革新などにより、社会構造や雇用環境は急速に変化しており、将来の姿を予測することが困難な時代となっていると思います。こうした変化の一つとして、人工知能（ＡＩ）の飛躍的な進化を挙げることができます。人工知能が自ら知識を概念的に理解し、思考し始めているともいわれ、雇用のあり方や学校において獲得する知識の意味にも大きな変化をもたらすのではないかと予想されます。また、グローバル化の急速な進展により、経済、社会、文化などのさまざまな面で国際交流が進み、国際的な相互依存関係が深まるとともに、環境問題、エネルギー問題、人口問題、難民問題など地球規模の問題が深刻化しており、これらの問題の解決にあたっては、国際的な協調が不可欠となっています。

海外子女教育振興財団では、創立四〇周年（二〇一一年）記念事業の一環として「帰国児童・生徒に関する総合的な調査研究報告（座長　佐藤郡衛）」の中で、新たな教育の実践として、「適応のための教育」「国際教育」「グローバルな学力の育成」という三つの視点を提示いたしました。特に「グローバルな学力の育成」の視点では、国際団体ACT21sが提唱する二一世紀型の人材が身につけるべきスキルとして、批判的思考力、問題解決力、コミュニケーション力、協働する力、想像力などが求められており、このスキルは経団連が求めるグローバル人材の育成に向けた提言の中に示されている資質・能力に通じています。また、二〇二〇年度より小学校で改訂される新学習指導要領でも学力の三要素を柱に「何が出来るようになるか」を明確化しております。

このように「グローバル社会を生き抜く力」の育成が急務となっている中、海外で学ぶ子どもたちも変化しています。従来の海外駐在員の子どもに加え、企業派遣の長期化や国際結婚の増加などに伴い、日本語支援の必要性のある子どもたちが増加し、多様化する子どもたちへのよりきめ細やかな対応も求められています。

　これらのことを踏まえAG5事業では、国や地域によって特色が多種多様であり、多様な子どもたちが在籍する日本人学校、補習授業校を教育モデルとして、それぞれの特性をいかした先進的なプログラムの開発・推進を図るための取り組みを行ってまいりました。後述する研究成果は、一人ひとりが持続可能な社会の担い手として、それぞれが持つ多様性を原動力として、質的な豊かさを伴った個人と社会の成長につながる新たな価値を生み出していくための基礎的資質・能力形成につながると確信しております。

目次

Ⅱ部　日本人学校で学ぶ子どもの教育――その挑戦

Ⅲ部　補習授業校で学ぶ子どもの教育

Ⅳ部　海外で学ぶ子どもの教育の未来

Ⅰ部　海外で学ぶ子どもとその教育

第一章 海外で学ぶ子どもたち

佐藤郡衛

一節 海外の子ども

海外には多くの日本人が住んでいます。企業の関係者、報道関係者、政府の関係者、お店などを経営している人、あるいはそこで働いている人、留学している人、国際結婚をしている人など、多様な人たちが世界各国で暮らしています。海外の大きな都市には日本人コミュニティがあるところもありますし、テレビなどで取り上げられるようにさまざまな国や地域に一人で住む日本人もいます。いったいどのくらいの日本人が海外で生活しているのでしょうか。

外務省は、海外で生活する人の統計をとっています。それによると、生活の拠点が海外にある人を「永住者」、海外での生活は一時的なもので日本に戻るつもりの人を「長期滞在者」と呼んでいますが、図1－1は過去五年ごとの推移をみたものです。一九九三年には約六九万人、

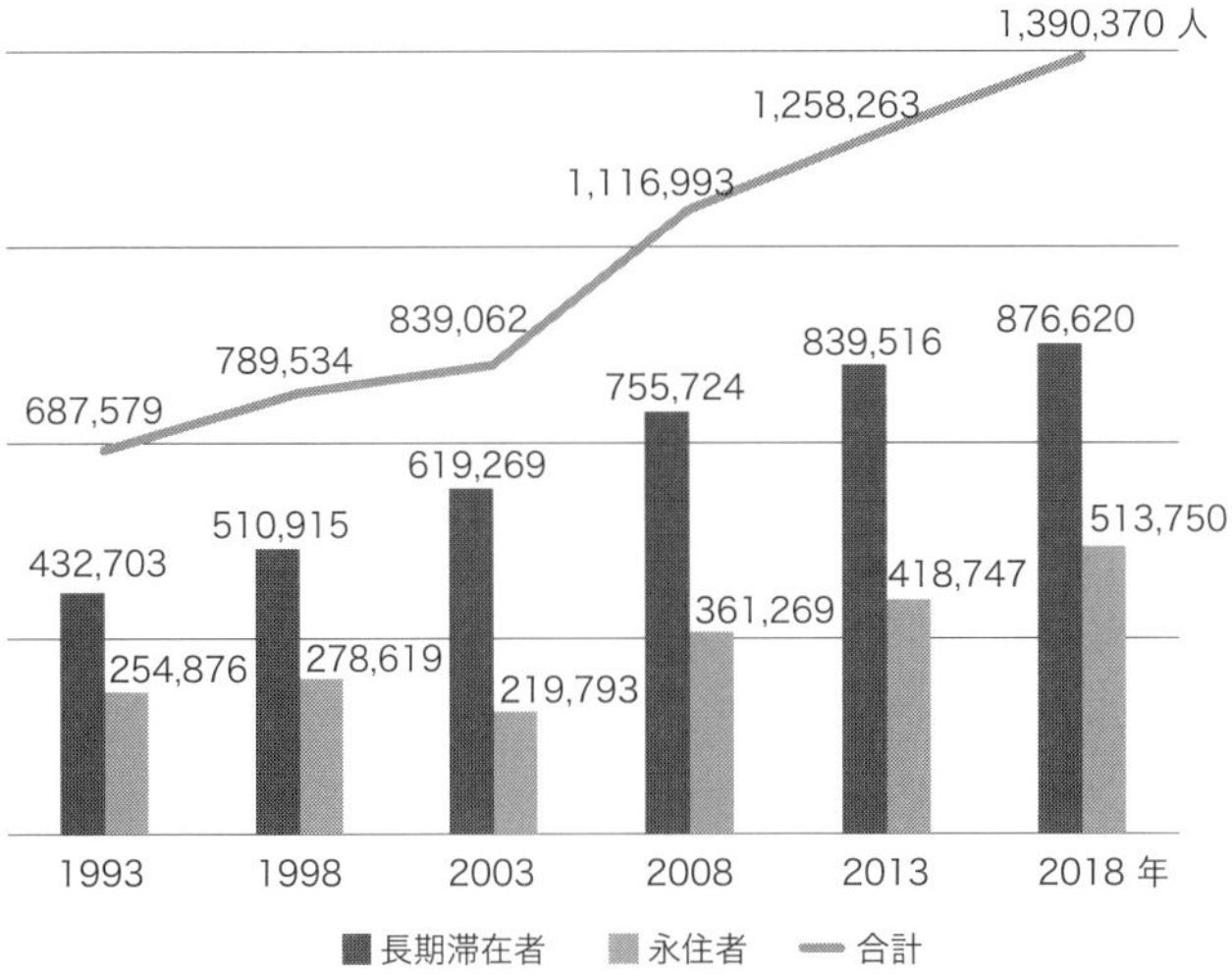

図1-1　海外に住む日本人の数

出典：外務省「海外在留邦人数調査統計」

一九九八年には約七九万人でしたが、二〇〇八年には約一一二万人になりました。そして二〇一八年には、長期滞在者約八八万人、永住者は約五一万人の合計約一三九万人と、この二〇年間でほぼ二倍になっています。この数は、日本の人口比からいえば約一%にあたります。今後もこの数は増え続けていくでしょう。国別でみるとアメリカが四五万人と圧倒的に多く、ついで中国が一二万人、オーストラリアが九万八〇〇〇人、タイが七万六〇〇〇人、カナダが七万四〇〇〇人などの順になっています。日本の経済活動と密接に関連しているといえます。

海外で生活する日本人が多いということは、子どもたちも増えています。

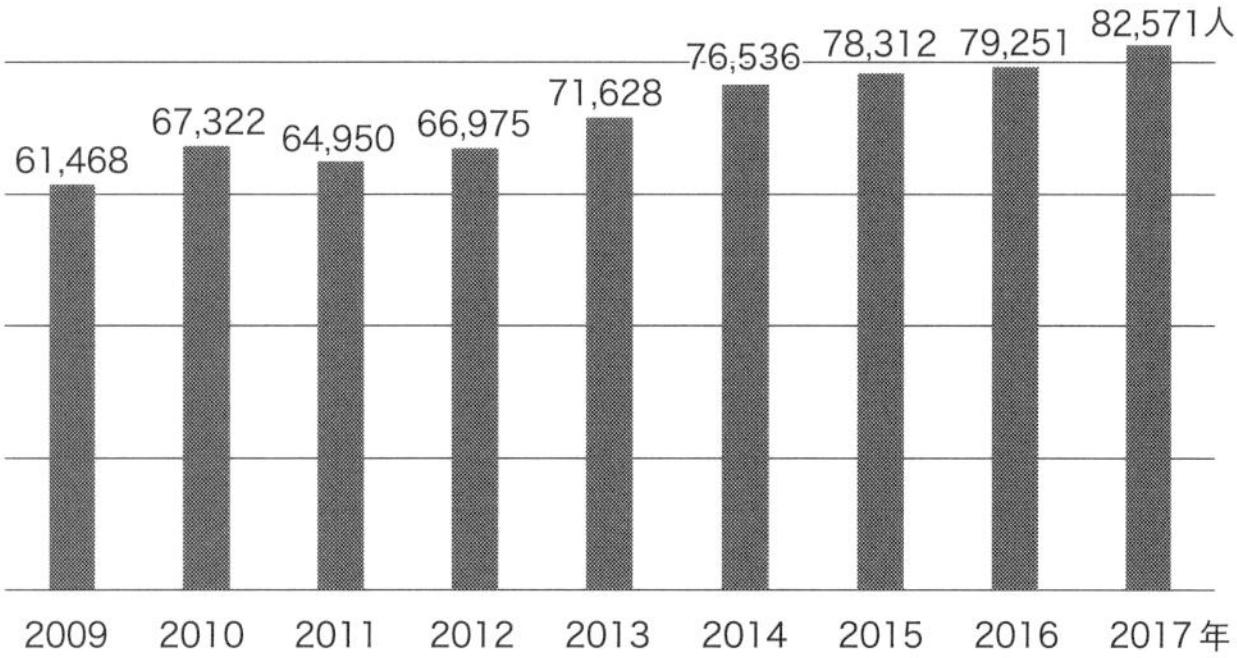

図Ⅰ-2　海外で学ぶ小中学生の数

出典：外務省「海外在留邦人数調査統計」

外務省の調べでは、高校生以下の子どもは約二四万人いるといわれています。このうち、日本の小学生、中学生にあたる子どもたちの数はわかっています。義務教育の年齢にある子どもの教育は国としてもしっかり保障する必要があることから、国は数を把握し、公表してきました。図1－2は海外で学ぶ小中学生の推移を示したものです。二〇〇九年に約六万人強だったのが、二〇一七年には約八万三〇〇〇人とこの間に約二万人増加しています。特に二〇一二年までは六万人台でしたが、二〇一三年には七万人をこえて、二〇一七年にはついに八万人をこえました。この増加からもこの一〇年のグローバル化の進行がいかに急だったかがわかります。

　この数を地域別にみたのが図1－3です。世界を七つの地域に分けて統計をとっています。もっとも多いのがアジア地域で約三万二〇〇〇人、ついで北米地域が約二万七〇〇〇人と、アジアと北米で全体

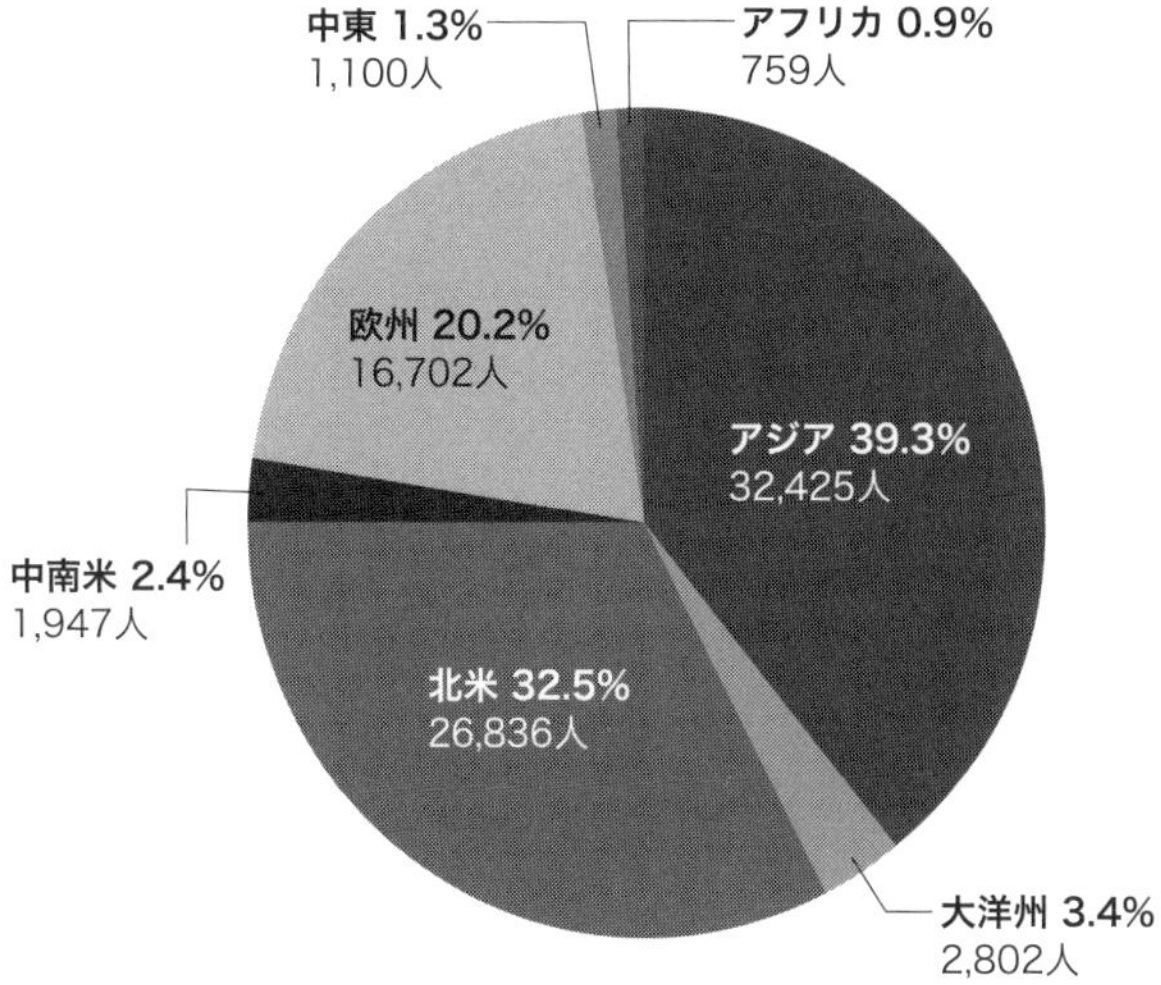

図1-3 海外で学ぶ小中学生（地域別）

出典：外務省「海外在留邦人数調査統計」

の七割以上を占めています。この他、欧州地域が約一万七〇〇〇人となっています。かつては北米地域がもっとも多かったのですが、二〇〇〇年くらいを境に、アジア地域に住む子どもが多くなってきました。これは、日本の企業の海外進出と密接に関連していることはいうまでもありません。二〇〇〇年以降、日本経済が急速にアジアにシフトしてきたためです。小・中学生段階の子どもは、親の勤務に伴い海外に来た子どもが多いですが、近年では事情が大きく変わってきています。海外で生まれ育ち日本で生活をしたことのない子どもや国際結婚家庭の子どもなど、その成育歴や家庭環境が多様になってきているのです。

二節　海外での学び

では、海外の子どもたちはどのような教育を受けているかをみていくことにします。海外に住む日本の子どもたちが通っている学校は、日本国内と同じ教育が受けられる日本人学校か、現地の学校あるいはインターナショナル・スクール（国際学校）かに二分されます。そして、後者の場合、週末を利用し日本の国語や算数・数学などの授業を受ける補習授業校に通っている子どもが多くいます。

まず、日本人学校について説明しておきましょう。日本人学校は日本から派遣された先生たちによって日本語で日本の教科書にそって日本国内の学校と同じような教育が行われているところです。日本の小・中学校をイメージしていただければいいと思います。これに対して補習授業校は、週一回、現地の学校などを借りて授業が行われています。月曜日から金曜日までは現地の学校で現地の言葉で授業を受けていますが、土曜日だけ補習授業校に来て日本語で授業を受けます。これはもちろん、日本に帰国しても困らないようにするためです。

二〇一九年時点で日本人学校は九五校、補習授業校は二二八校あります。ただ、地域ごとに大きな違いがあります。アジア地域では日本人学校が三七校ありますが、補習授業校は二七校です。それに対して北米では日本人学校はわずか四校しかありませんが、補習授業校は八八校あります。ヨーロッパ地域でも日本人学校は二一校ですが、補習授業校は七二校と補習授業校

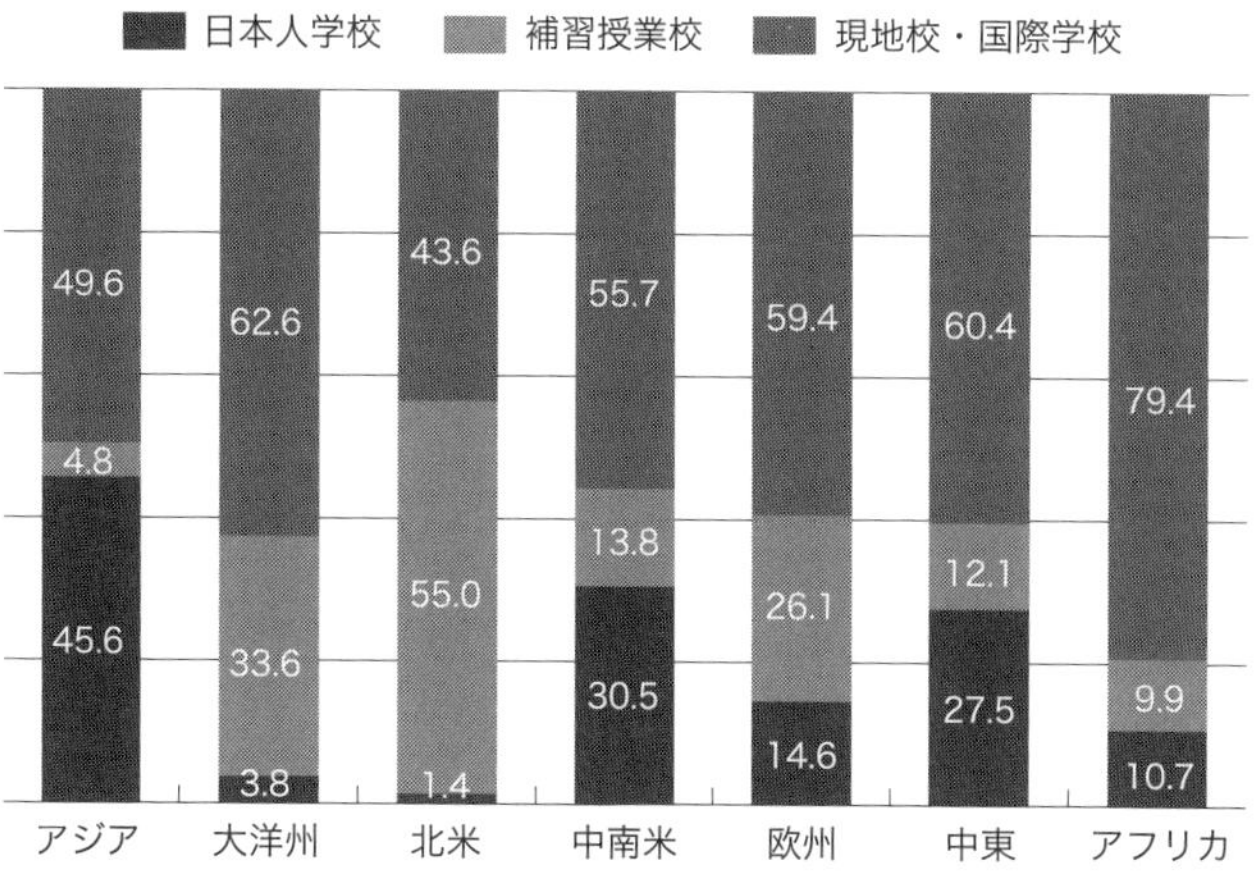

図Ｉ-4　地域別の就学形態

出典：外務省「海外在留邦人数調査統計」

の方が多くなっています。

また、各学校にどのくらいの子どもが通っているかをみると、日本人学校が約二万人（二三％）、補習授業校が二万二〇〇〇人（二六％）、現地校・インターナショナル・スクールが四万二〇〇〇人（五〇％）となっています。これまでの動きをみると日本人学校に通う子どもが年々減少し、現地校やインターナショナル・スクールのみに通う子どもが増加しています。

学校選択は地域間で大きな差がみられます。学校数が地域で偏っているため、子どもの数にも偏りがみられます。図１－４は地域別にみたものです。アジア地域では四五・六％が日本人学校に通っていますが、北米地域では補習授業校に通う子どもが五五・〇％になっています。その他の地域でも全体的に日本人学校に通う子どもが少なく、中南米地域三〇・五％、中東地域二七・五％、欧州地域一四・六％などとなっています。ここで注目してほしいのは、北米地域（アメリカとカナダ）では約九八％が現地校に就学しているという点です。アメリカでは日本人学校就学者は四〇〇人程度しかいません。残りの約二万五〇〇〇人は現地校に就学しており、そのうちの約五五％の子どもが補習授業校にも通っていることになります。アメリカの大都市には、海外勤務者をはじめとした長期に滞在する日本人の他に、アメリカの永住権を持つ人や国際結婚をした人も多くいます。後者が増えてきているのはアメリカだけでなく、世界的な傾向です。文部科学省の報告によると、補習授業校全体で「保護者のいずれかまたは両方とも外国人」という国際結婚家庭の子どもが四四・八％に達しています。

国際結婚家庭の子どもの増加は日本人学校でも顕著になっています。現在その正確な数字はわかりませんが、文部科学省が日本人学校の国際結婚家庭の子どもの比率を公表していた時期があります。二〇〇四年度の結果では、ソウル日本人学校三八・七％、台北日本人学校三一・六％、北京日本人学校二六・八％、ジャカルタ日本人学校一三・八％などとなっており、全学校の平均は一一・一％に達していました。一五年ほど経過した現在はおそらく、この数字よりもはるかに多くなっています。本書で取り上げる台湾の三つの日本人学校や中国の日本人学校でも、国際結婚家庭の子どもが増えていることが報告されています。日本人学校も補習授業校も、長期滞在者、永住者の子どもまで含めるとその数はかなり多くなります。

三節　海外の子どもの学び

海外で生活する日本人の増加により、小・中学生段階の子どもも増加してきました。これまで述べてきたように、こうした子どもたちが日本の教育と同じような教育が受けられるように、日本人学校と補習授業校が世界各地につくられてきました。子どもの教育を構想する上で必要なことは、第一に子どもの実態に即した教育を提供すること、第二に子どもの学びの連続性を保障することです。その意味では、海外の子どもが日本に帰国した後に困らないように教育を提供することは重要なことです。しかし、もう一つの、子どもの実態に即した教育を提供することも必要です。いま、海外の子どもの多様化が進んでおり、子どもの実態に改めて注目する必要があります。その上で海外の子どもの教育を構想する必要があります。

最近では、永住者や国際結婚家庭の子どもを主な対象にして日本語や日本文化を教える学校も出てきています。こうした学校も補習授業校と呼ばれていますが、国から財政支援を受けていないため、これまで表に出てきませんでした。正式に認定された補習授業校には校舎の借料や講師の謝金などの支援があります。しかし、国から正式に認められないと自分たちでこうした運営費を賄わなければいけません。国からの財政支援をまったく受けずに運営している学校が世界各地にあります。こうした学校への支援を今後どうするかをしっかり検討していく必要があります。

日本人学校も補習授業校も多様な子どもを受け入れている以上、それに対応した教育を構想していく必要があります。日本の教育をそのまま持ち出すだけでなく、子どもの実態に応じ、しかも学びの連続性を保障するための多様な取り組みを行っていくことが課題です。

コラム①

「海外子女」

「海外子女」とは、民間の企業、政府関連機関、国際機関などに勤務する親と一緒に海外に一時的に滞在し、後に日本に帰国する子どもを指すことが一般的でした。日本の企業の海外進出とともに、こうした子どもたちは増加の一途をたどってきました。外務省はこれまで義務教育年齢相当の子どもの数を「海外子女数」として公表してきました。また、文部科学省では日本に帰国する子どもを対象に教科書の給付などを行ってきました。「海外子女」とは、こうした国の政策の対象として定義されてきたというのが現実で、あくまでも日本への帰国を前提にした子どもを指していました。

しかし、最近では、日本人学校や補習授業校に日本への帰国を前提にしない永住者や国際結婚家庭の子どもが多く就学するようになっています。これまでのように、海外勤務者の一時滞在の義務教育年齢の子どもという定義では実態にそぐわなくなってきています。海外勤務者の多様化はもちろん、長期滞在・永住・国際結婚など海外に住む日本人の多様化とともに、子どもの背景なども多様化しています。また、就学前の子どもや高校段階の子どもまで含めてその教育を構想する必要も生じています。国籍だけでなく、日本語、アイデンティティなど多様な側面から「海外子女」を再定義する必要もあります。こうした状況を踏まえて、最近では、「海外で生活する子ども」というように呼ぶことも多くなっています。

（佐藤郡衛）

第二章

海外で学ぶ子どもの教育
その歴史と新しい流れ

佐藤郡衛

一節　いつから開始されたか

ここでは、海外で学ぶ子どもの教育のこれまでの流れを追いながらいまどのような課題があるかをみていきます。海外で生活する子どもの教育がいわば「問題」として広く知られるようになったのは、一九六〇年前後のことです。第二次世界大戦終了後、日本の経済は復興の兆しをみせ始め、企業の海外進出も始まりました。海外で生活する子どもも相当数おり、その教育をどうするかが悩みでした。個別の救済措置では対応しきれなくなり、国としても対応を迫られるようになってきたわけです。そこで、日本人学校と補習授業校がつくられることになりました。はじめて日本人学校がつくられたのはバンコクで一九五六年、補習授業校の第一号はワシントンで一九五八年のことです。ですから、日本人学校、補習授業校ともに半世紀以上の歴史があります。

日本人学校や補習授業校が国の援助のもとに本格的に整備されていくのは一九七〇年代に入ってからです。海外直接投資が完全に自由化されると海外進出する企業が激増し、子どもの数も増えていき、日本人学校や補習授業校が世界各地につくられるようになりました。日本人学校や補習授業校の位置づけもはっきりしてきます。当時の外務省の資料には「永住を目的とする邦人及び日系人子女を対象とするものではなく、また、現地人に対する日本語普及その他日本関係の広報文化活動の事業を目的とするものではない」ことが記されています。このように、日本人学校や補習授業校は、海外勤務者の子どもたちが、やがて日本に帰国するための学校としてはっきりと位置づけられるようになりました。

一方、日本国内でも、国として海外で生活する子どもの教育に対して責任を持つべきだという声がマスメディアをとおして繰り返し主張されるようになります。新聞記者であった北代淳二さんは、「拝啓永井文部大臣殿　教育棄民——年間三〇〇〇人の帰国子女のことを考えてください」という記事を執筆しています。(1)「棄民」、つまり、海外で生活する子どもを捨て去られた民と表現し、国家として救済する必要性を主張したのです。海外での子どもの教育は、当初は、「僻地教育」(2)といわれており、しかも「棄民」を救済する教育といったようにとらえられていたのです。

二節　学校の整備期

海外の子どもの教育は、一九七〇年代から八〇年代にかけて大きく飛躍することになります。この中で日本人学校と補習授業校のでき方の違いがはっきりしてきます。アメリカをはじめとした英語圏には補習授業校が、発展途上国には日本人学校がつくられるようになります。第一章で述べましたが、アメリカでは、ほとんどの子どもが現地校に在籍し、土曜日のみ補習授業校に通っています。これは一九七〇年代から始まったことです。一方、アジアを中心にした途上国では、その国の教育に依存することなく、日本人学校をつくってきました。

一九七〇年代以降、国は本格的な支援に乗り出すことになります。もっとも大きな支援策は、日本人学校や大規模の補習授業校に、日本から先生を派遣するようになったことです。また、制度上の整備も開始されます。それまで、日本人学校の卒業生には国内の高校への入学資格が保障されていませんでした。このため、日本国内の高校を受験する場合、日本人学校の卒業をまたずに、国内の中学校にいったん編入し、その中学校の卒業資格で高校の受験がはじめて得られるというのが実態でした。そこで、一九七二年に法改正を行い、すべての日本人学校の卒業生に国内の高校への入学資格が保障されるようになり、日本人学校は日本国内の学校と同じように位置づけられることになりました。

この時期になると、海外で生活する子どもへのとらえ方も大きく変わります。日本は急速に経済成長を遂げていき、世界の中で活躍する日本人の育成が大きな課題になります。そこで注目されるようになったのが海外で学ぶ子どもたちでした。世界各国と対等に競争していくために活躍できる人材を育成する必要があり、海外の子どもたちがまさにそれに見合った人材とみられるようになりました。国際化の中で、海外で生活した子どもたちはまさに「金の卵」とまでいわれるような存在になっていきます。

三節　教育の拡充期

一九八〇代に入ると、国際化は一層進行し、海外の子どもの教育を国として積極的に推進することになります。この時期、行政、経済界、教育界が一体になり取り組んだことから「護送船団方式」とも表現されました。財政支援も右肩あがりで、企業の海外進出も業績も順調に伸びていきました。それとともに、子どもの数も増え、日本人学校、補習授業校の数も増加しました。世論も味方し、国際化の推進役として、海外の子どもの教育が期待された時代でした。

海外に進出する人が多くなると教育の対象も拡大してきます。海外勤務者の若年化により幼児期の子どもが増加し、また、高校段階の教育に関心を持つ親たちも出てきました。幼児期の子どもの教育については、補習授業校などでは幼稚部を設置するなどの対応をしてきました。高校段階ではこの時期、日本の私立学校が海外に多く進出しました。「私立在外教育施設」といわれていますが、現在高等部があるのは立教英国学院、慶應義塾ニューヨーク学院、スイス公文学園高等部、帝京ロンドン学園、早稲田渋谷シンガポール校、如水館バンコクの六校です。

さらに、海外勤務者の子どものための教育の場から、日本人学校を国際交流の拠点にするといったようにその役割を拡大する提案も出てきます。日本人学校は、「現地社会と連携する特色豊かな教育の推進」の必要性がうたわれ「開かれた日本人学校」ということもいわれるようになりました。

このきっかけになったのが一九八九年の「海外子女教育の推進に関する研究協議会」の報告書でした。それによると、「従来、海外子女教育は、国内とは異なる環境に置かれた子どもに対し日本国民にふさわしい教育を行うとともに、併せて国際感覚を培うことを目的とするものであり、我が国の教育の一環を担うもの」として位置づけられてきました。しかし、今後はその理念を維持しつつ、「海外における教育という特性をいかし、現地社会への理解を通じて異なる文化への理解を深め、世界と日本との関わりの中で日本人としての自覚を持って生きる国際性豊かな日本人の育成」を目的にすることを明確にしています。これを踏まえて、現地の人に対して日本人学校や補習授業校の門戸を開くことも提案されたのです。より開かれた学校を目指そうとする動きです。世界の中での日本のスタンスを高めたいという意味合いがあったように思います。

それまでは、海外の日本人の子どもの教育を保障するため、主にハード面の整備・拡充が進められてきました。しかし、一九八〇年代以降になると、新しい方向性を示すとともに、教育の質的な充実を図ることへと転換したといえます。

四節　転換期

海外で生活する子どもの教育は、一九九〇年代の後半になると新しい段階に入ります。バブル経済の崩壊でこの教育を取り巻く環境は大きく変わることになりました。経済市場のグローバル化の波は、企業のあり方を変えるようにもなってきました。多国籍化、現地法人化の動きもみられるようになり、雇用形態も変化します。日本の子どもたちを受け入れる国の方にも変化の兆しがみえ始めます。所在国の政治的不安定、日本へのバッシング、またアメリカでは、移民政策の転換とともに、英語ができない子どものためのＥＳＬ教育の予算の削減が行われるなど、政治情勢や財政事情が海外の子どもの教育に大きな影を落とすようになりました。

また、日本企業の海外進出にも大きな変化が起こり始めました。これまでは北米が中心でしたが、アジア地域、特に中国へとその拠点が移行するようになりました。二〇〇〇年以降、中国には日本人学校が四校新設され、上海日本人学校は急速に子どもの数が増加していきました。

この時期、アジア地域を中心として日本人学校、補習授業校とも国際結婚による子どもが多くなり、日本人学校、補習授業校の教育に課題を提起するようになります。ここで付け加えておきたいのは、こうした子どもたちを受け入れるようになったのは、数の増加はもちろんですが、日本人学校や補習授業校を取り巻く環境の変化もあったということです。バブル経済の崩壊により国からの財政支援が期待できなくなり、企業も不況の中で、この教育を十分に支えきれなくなってきました。学校の安定的な経営を図るためにも、そうした子どもたちを視野に入れる必要が出てきたのです。アジア地域の日本人学校では、こうした国際結婚の子どもが着実に増加し、しかも一定の比率を占めるようになってきたことはすでに述べたとおりです。

補習授業校も急速に変化しています。補習授業校は、日本とのいわば「唯一の窓口」でしたが、そうした機能が弱くなってきた結果、補習授業校に通う子どもたちが減少してきました。その上、補習授業校には、長期滞在・永住者の子どもたちが多く通うようになり、海外勤務者との間で教育方針をめぐり対立が顕在化しているところも出てきました。日本に帰国する子どもを中心に教育を進めてきましたが、永住者や国際結婚家庭の子どもが多くなるとそうはいっていられなくなります。

海外勤務者の多様化も目立ってきました。一九八〇年代までは、海外勤務者といえば大手企業、報道関係、在外公館などの勤務者が大半でした。教育意識や価値観なども似かよっていたため、教育観の違いは表面化しませんでした。しかし、メーカーの進出、自営業層の増加などにより、海外勤務者の多様化が進みます。また、海外勤務も長期化すると永住を決意する人も出てくるようになりました。永住者や国際結婚の増加などもあって、教育に対する考え方や子どもの進路なども多様化し、学校への要望も多様になり海外での教育は難しくなりました。海外勤務者の中には、日本人学校や補習授業校ではなく現地校やインターナショナル・スクールを選択する動きも出てきました。

五節　新しい方向性

海外の子どもの教育が開始されてもう六〇年以上が経過しました。この間、さまざまな変容を遂げながら発展してきました。では、今後、どのような方向に向かっていくのでしょうか。これまで経済状況により大きな影響を受けてはきましたが、永住者や国際結婚家庭の子どもたちの教育の場として大変重要な役割を果たしており、しっかりした方針が必要になっています。将来の姿を描くのは難しいですが、今後の方向性について展望しておきたいと思います。

まずは海外の子どもたちの多様化が進んでおり、日本人学校も補習授業校もこうした多様化に対応していくことが大きな課題になっています。残念ながら、日本人学校も補習授業校も十分に対応しきれていないように思います。たとえば、現地に生まれ育った子どもたちは日本語力が十分ではないため、教科の国語を教えても効果はありません。しっかりと日本語教育を位置づけていく必要がありますが、まだまだ十分ではありません。最近、「複言語主義」という考えが出てきています。「複数の言語が相互に関連し合って補完的に存在している」という考え方で、「複数の言語がそれぞれ独立して存在しているという多言語主義」とは違うとされます。つまり、言語は「その言語が存在している文化体験と対」になっており、「そこから得た言語知識、文化体験は、個人の中でバラバラに存在するのではなく、相互に関係を築き作用し合いながら存在し、活動の際には補完的な役割を果たす」という考え方です。[(3)] このことは日本語以外の言語が優越な子どもたちは、その言語と日本語とを関連づけて習得を図るということです。そのための教授法なども提案されています。こうした成果を積極的に取り入れていく必要もあります。

また、多様性の中で共通した視点を明確にすることも必要になります。特に、どのような人間を育てるかについて明確にしていくことです。その一つがグローバルな人材育成という視点です。グローバルな人材の育成を目指すということは、内部に抱えている多様性をいかにいかす教育を行うかが大切になります。つまり、多様な背景を持つ他者と共生し、よりよい社会を形成しようとする人間像です。本書では、日本人学校で論理的思考力、創造的思考力などのグローバルな能力を育成するための取り組みを紹介していますし、国際結婚家庭の子どもの母語や母文化をいかし、いかにバイリンガル・バイカルチュラルな子どもを育成するかという取り組みも紹介しています。補習授業校では英語力も日本語力も違う子どもたちがともに学ぶためのカリキュラム開発が行われてきました。そうした実践の可能性を具体的な取り組みをとおして紹介しています。

これに加えて、トランスナショナルな視点から日本人学校や補習授業校の位置づけをとらえ直す必要もあります。海外から日本へという一方向的な流れではなく、双方向的な流れや海外から海外、海外から日本、さらに日本から海外へといった人の流れがこれから必然化します。海外の子どもの教育もこうした多様な流れに対応して構想していかなければいけません。それは、これまでのように日本という枠を固定した教育ではなく、日本人になっていくことを主体的に選び取っていけるような教育です。日本の教育を海外でも提供するといった狭い枠ではなく、海外の教育でしかできないことを構想していく時期になっています。わたしたちは、こうした流れにどのような教育が有効かを考えてきました。それが本書の成果ですが、あくまでも現時点での回答にすぎません。今後、さらに多様な試みを実践していく必要があります。

注

（1）北代淳二（一九七五）『文藝春秋』五月号、一六四〜一七八頁
（2）扇谷正造編（一九七八）『在外子弟の教育』青葉出版
（3）奥村三菜子・櫻井直子・鈴木裕子（二〇一六）『日本語教師ためのＣＥＦＲ』くろしお出版、一二頁

コラム②

「海外子女教育」への国の支援

海外子女教育への国の支援は、日本の主権が及ばない外国に住む「日本国籍の子どもに対して日本国民にふさわしい教育」を提供するために行われるようになりました。具体的には、現地の日本人会などが設置主体となっている日本人学校や補習授業校への支援が中心です。文部科学省では日本人学校と大規模補習授業校（児童生徒数100人以上）に日本から先生を派遣しています。日本国内の教育を海外でも保障するためです。また、小・中学校段階の子どもに対して教科書を給付しています。その対象は、日本に帰国する子どもに限定されていますが、海外に住む子どもの多様化とともに、その線引きが難しくなっています。最近では教科書の給付の対象を広げつつあります。外務省では、日本人学校や補習授業校の校舎の借料や各学校で採用する先生の給料などを補助しています。この他、海外子女教育振興財団で行っている通信教育、教材整備、教育相談などの事業に補助を行っています。ただ、国の財政も厳しくなり、海外子女教育関連予算は厳しい状況にあります。日本からの先生の派遣数は年々減少傾向にあります。特に、大規模な日本人学校では、派遣される先生の割合が半分というところもあります。このため、学校の財政も厳しい状況になっています。また、就学前の子どもや高校段階の子どもの増加とともに、国の支援の対象を広げることも課題になっています。

（佐藤郡衛）

II部　日本人学校で学ぶ子どもの教育——その挑戦

第三章　日本人学校の新たな課題

佐藤郡衛

一節　日本人学校の改革に向けて

日本人学校は半世紀以上にわたり海外に住む日本人の子どもたちにとって学びや交流の場として重要な役割を果たしてきました。しかし、かつてと比べ日本人学校に通う子どもの割合は減少してきています。一九八五年には日本人学校に通う子どもは全体の約四二％でしたが、現在では二三％になっています。ここ一〇年間をみても海外に住む子どもの数が増えているにもかかわらず日本人学校に通う子どもの数は二〇〇〇人しか増えていません。この数字は何を意味するでしょうか。日本人学校が保護者や子どもたちから選ばれる学校になっているのかという単純な疑問がわいてきます。日本人学校のある国や地域は世界的にみれば偏りがありますが、国や地域によっては日本人学校があるにもかかわらず現地の学校やインターナショナル・スクールを選択する家庭が多くなっています。

なぜ日本人学校を選ばないのか、また、選ばれる学校にするにはどのような改革が必要かということについて考えてみましょう。日本人学校の関係者と話をすると、海外で日本の子どもが増えているにもかかわらず子どもたちが入学してこないという現状に危機感を持つ人は必ずしも多くありません。日本人学校は、相変わらず日本国内と同じ教育を行う場と考え、派遣される先生も日本国内の教育を行うことを是としてきました。

しかし、日本国内の教育も大きく変わりつつあります。特に、「ＰＩＳＡ型学力」や「二一世紀型スキル」、これらは知識や技能を活用して課題を解決するために必要な思考力、判断力、表現力などを意味していますが、こうした能力の育成が重視されるようになってきました。これは、グローバルな能力といえます。教育社会学者の額賀美紗子さんは、海外の日本人の保護者が重視するのは、「日本語・日本の学校で重視される学力」を意味する「日本型能力」と「英語力、広い視野、社交力、順応力、自己表現力」を意味する「グローバル型能力」の二つをいかに両立させていくかだと指摘しています。「グローバル型能力」とは、豊かな人間形成を目指すものであり、将来の国際移動の可能性を視野に入れたものです。加えて「多様な背景の人々や文化に触れ、関わり、助け合う過程の中から芽生えてくる社会的な能力」だとも指摘しています。(1)

額賀さんの調査はアメリカに住む日本人の保護者を対象にしたものですが、これはアメリカに限ったことではなく、海外に住む日本人の多くの保護者に共通した考えではないでしょうか。日本人学校が「日本語、日本の学校で重視される学力」だけしか対応しないならば、日本人学校を選ばない保護者が出てくることは納得できます。つまり、「グローバル型能力」への対応が必要になっているということです。日本人学校があるにもかかわらず保護者がインターナショナル・スクールを選択するのは、そこで「グローバル型能力」の育成が可能だと思っているからです。ここに、日本人学校の改革のヒントがあるように思います。

二節　日本人学校の改革の方向性

日本人学校で「日本型能力」に加え「グローバル型能力」を育成するためにはどうすればいいでしょうか。答えは簡単ではありませんが、ここでは三つの提案をしてみたいと思います。

第一は日本人学校で英語教育を充実させることです。多くの日本人学校では「英会話」という授業を行ってきましたが、子どもたちの英語力からみて十分な効果があったとはいえません。英語を運用したり、活用したりすることで使える英語力を向上させる工夫が必要です。小学部一年から体系的なカリキュラムをつくり、英語に取り組むことは十分可能ですし、一部の教科を英語で行う「イマージョン教育」（コラム6参照）といった試みも一案でしょう。次章で紹介する香港日本人学校では、小学四年生から「グローバルクラス」を開設し、英語はもちろんのこと算数、理科、図工も英語で授業をしていますし、新しく設置した「グローバルスタディーズ」という教科でも一部英語で授業を行っています。

第二は多様な見方、考え方を育成するための交流や多文化共生の教育の促進です。これまでも日本人学校では「現地理解」という学習が行われてきましたが十分ではありません。日本人学校の教育を活性化させるには、現地の社会の理解と協力が不可欠です。この実現のためには、交流活動、ボランティア活動などその地域の人や子どもとの共同の活動を取り込んでいく必要があります。「グローバル型能力」は、多様な言語や文化を持つ人との交流をとおして形成できるものだからです。修学旅行や遠足などの学校行事、クラブ活動などの特別活動を工夫していけば、交流活動を実りあるものにしていくことができます。インターナショナル・スクールは多様な文化や言語を持つ子どもたちがいて、それがグローバルな学校文化をつくりあげています。日本人学校もそうした文化を自らつくっていく必要があります。この交流という視点を推し進めていくと、日本人学校の門戸を現地の子どもに開いていくことも視野に入ってきます。現地の子どもたちに日本の質の高い教育を提供することはこれからの日本人学校の役割の一つではないでしょうか。

第三はグローバルな課題の解決のための学習をとおして、論理的に考える力や自分なりに判断が下せる力を育成していくことです。日本国内でもいま教育が変わりつつあります。「何ができるようになるか」「どのように学ぶか」「何が身についたか」が重視されるようになっています。総合的な学習や複数の教科でグローバルな課題をトピックとして取り上げ、フィールドワーク、インタビューなどをとおして学習したり、インターナショナル・スクールや現地校との共同学習を実施したりしていくことで、自分たちで調べ、考えて、意見を表明できるようにしていくことが大切になります。

こうした取り組みこそ、日本人学校の教育の特徴になるものですし、「グローバル型能力」の育成にもつながっていきます。子どもの数が二〇〇〇人をこえる学校から一桁の学校まで多様ですので、同じように改革を進めることはできませんが、「日本型能力」と「グローバル型能力」の両立を目指すことが必要だと思います。

三節　改革を進めるには

日本人学校の教育の課題についてみてきましたが、実は改革が難しいということも正直な感想です。OECDから『教育のワールドクラス』という本が刊行されています。そこに「なぜ教育の改革はこんなにも難しいか」という節があります。教育を取り巻く人々の意識、教育分野の評価の難しさ、利害関係者の調整の難しさなどが挙げられています。そして、改革を進めるためには、①教育改革への幅広い支持、②それを裏づける財政、③適切なガバナンス、④データを活用した評価、⑤教員のモチベーションなどが重要だと指摘されています。(2) これに照らして、日本人学校の改革を実現するための戦略について考えてみましょう。

第一は日本人学校の教育の方向性を明確にすることです。理想論や理念だけでは幅広い支持は得られません。やはり、きちんとした実践に裏打ちされたものでなければいけません。その意味でも、本書で紹介する取り組みは重要なものです。ここから日本人学校の教育の方向性を明確にすることです。

第二は財政的な裏づけが必要です。国の財政支援には限界がありますし、企業の支援もなかなか期待できないのが現実です。そこで重要になるのが優先順位をどうするかということでしょう。たとえば、日本人学校が自ら手を挙げて独自の教育を展開できるような制度的な裏づけとそれに対する一定の財政的な支援は期待したいと思います。基礎的な支援は共通して必要ですが、多様な試みをする学校には一定の枠で財政的な支援をすることも検討すべきでしょう。

第三は適切なガバナンスです。日本人学校は、先生の任期は原則二〜三年です。学校の意思決定を行う運営委員会の人たちの任期が一年単位で代わることもしばしばです。この流動性がガバナンスにとってマイナスに働いています。校長先生や運営委員長などの独走、あるいは何もせずに無事任期が終わることを願うような「事なかれ主義」を引き起こすということです。改革には継続性が必要です。継続性を担保するには、各学校が中長期のビジョンを作成することが有効でしょう。あまりに詳細な年度計画などは学校を疲弊させることになりますが、学校の方向性を示したビジョンは必要です。それを評価する体制づくりも必要になります。日本人学校の改革を進めるためのガバナンスをどのようにするかについて検討する必要があります。

第四はデータを活用した評価です。実践レベル、組織レベル、そして学校レベルでの評価が必要です。いずれのレベルでも目標設定が必要でしょう。目標に照らしてどの程度達成できたかを評価するということです。実践レベルでは子どもの学力といった定量的な指標、思考力や表現力などの伸びはポートフォリオ（成長の記録）などを活用して評価する必要があります。英語力や日本語力などは作文などをとおして一年間の伸びを評価できます。最近、ルーブリックなどの評価指標も開発されていますからこうしたことも活用できるでしょう。組織レベルでは、先生方の指導力の向上が重要な指標になります。学校では、信頼感に基づくチームワークと学び合う同僚性が重要ですが、こうしたことを評価するには相互評価のシステムが有効です。特に授業改善に焦点化した評価が必要です。学校レベルでは、チームワークを大切にする学校運営、授業改善を核にした取り組み、地域や家庭と連携した学校づくり、そして校長先生や核になる先生方のリーダーシップがキーになります。学校評価を次の改善に結びつけていくことも必要です。新しい実践に取り組んでいくには、これまでの実践をきちんと評価し、改善点を明確にすることがなにより必要なことです。

第五は先生方のモチベーションです。改革を各学校で実践していくには、先生方の参加が不可欠です。取り組みにあたり、共通の目標を持ち、その目標達成のために協働していくことで改革は進みます。教育学者の浜田博文さんは、学校の改革を進めるには、「テコでも動かない先生だけに注目していると、前には進めません。マーケティングの理論で、積極的に変わろうとする人がだいたい一七％、その人たちが動けばそれにのろうとする人が三三％、先行する三三％がのればその後からついて行く人が三三％。そして、絶対に動かない人が一七％いるというものがあります。これを踏まえて考えると、最初からテコでも動かない人に目を向けてはダメです。逆に、積極的に変えようとする人（一七％）と、そのフォロワー（三三％）、つまり全体の五〇％の人さえ動けば、組織の全体が変わっていく」と指摘しています。[3] 改革を動かす先生がいて、モチベーションが高まれば改革も進んでいくでしょう。

これからの日本人学校の教育は、日本の教育のやり方をそのまま持ち出すのではなく、子どもの実態の把握や学校の現状を把握し、そこであがってきた課題を明確にすることが第一歩です。その上で、具体的な課題を先生方が共有し、その課題の解決策の話し合い、優先順位の決定、さらには達成目標を具体的に設定していくといった取り組みを行っていくことです。

注

（１）額賀美紗子（二〇一三）『越境する日本人家族と教育』勁草書房
（２）ＯＥＣＤ編（二〇一九）『教育のワールドクラス』鈴木寛他監訳、明石書店
（３）学びの場.comインタビュー（https://www.manabinoba.com/interview/18226.html、二〇二〇年三月一〇日閲覧）

コラム③

グローバル人材とグローバル市民

教育界ではグローバル人材がキーワードになっています。政策的にグローバル人材が強調されるようになったのは、「グローバル人材育成推進会議」の報告書です。そこでは、「グローバル化が加速する21世紀の世界経済の中にあっては、豊かな語学力・コミュニケーション能力や異文化体験を身につけ、国際的に活躍できる」人材を国家として育成する必要が打ち出されています。グローバル人材は、社会や国家に貢献する人材と位置づけられています。「国際的に活躍できる人材」というと、ごく限られたエリートの育成のようにも受けとられがちです。しかし、グローバル人材を「国」というナショナルなレベルだけでなく、ローカル、リージョナル、グローバルといった多層なレベルからとらえていく必要があります。つまり、多様なレベルからものごとをとらえたり、行動したりする人材が必要になっています。しかも、これから生きていく社会を多様な関わりをもとにつくりあげていくような人材が求められています。そうした社会はすでにあるものでも、誰かから与えられるものでもありません。他者と協働してつくりあげ、しかもつくりあげた社会を絶えずつくり変えていくことが必要です。そうした資質・能力を持つ人材がグローバル市民といえるのではないでしょうか。海外で学ぶ子どもたちの教育はそうした能力を育てていくことを目指す必要があります。

（佐藤郡衛）

第四章 グローバルな能力の育成を目指した教育

植野美穂

一節　香港日本人学校の新たな挑戦

なぜ改革が必要だったのか

香港日本人学校は、香港校と大埔《たいぽ》校の二つの校舎に分かれ、香港校には小学部と中学部、大埔校には小学部とは別に国際バカロレア（ＩＢ）の初等教育プログラム（ＰＹＰ）を導入した国際学級が併設されています。

前章でも述べられているように、子どもに英語力だけでなく国際的な感覚を早くから身につけさせたいと考え、日本人学校よりも現地の学校やインターナショナル・スクールを選ぶ保護者が香港でも増加し、香港日本人学校の子どもの数が年々減少してきました。

このことに危機感を持った香港日本人学校の経営理事会は、海外にある利点をいかしてグローバル人材を育てる先進的な取り組みを行い、日本の教育のよさをアピールすることで、「日本型能力」に加え「グローバル型能力」を育てる新たな日本人学校へと、香港校小学部の改革に二〇一四年着手しました。

新しいクラス――グローバルクラスの開設

改革の大きな柱は、英語教育の充実、多様な見方・考え方を育成するための交流や国際理解の促進、そして、グローバルな課題を解決するための学習をとおして論理的に考える力や自分なりに判断が下せる力を育成することです。

そのために、香港校小学部では、日本の学習指導要領に基づく教育や学校生活を行いながら、「グローバル社会で通用する英語コミュニケーション能力を身につける」「分析力やプレゼンテーション力、調査力、課題解決力などの二一世紀に必要なグローバルスキルを培う」「グローバル市民としての主体性を育む」ことを目的とするグローバルクラスを二〇一六年四月に開設しました。小学四年以上の学年を対象とし、定員は二〇人です。

グローバルクラスの特色は大きく二つあります。一つ目は、英語を運用したり活用したりすることで使える英語力を向上させるために、英語の授業以外にも、算数、理科、図工は英語で学ぶ授業（英語イマージョン授業）を行い、社会科、グローバルスタディーズ、体育、家庭科は日本語と英語の両言語での授業を実施していることです。

二つ目はグローバル人材の基礎的な資質を育成するためのグローバルスタディーズという科目の新設です。これは、世界的な課題について学期に一つのトピックで週三回行う探究学習です。グローバルスタディーズは、ＩＢのレッスンプランである「探究の単元」（Unit of Inquiry）を参考にした探究サイクルを学習過程の柱にし、各教科、特に社会科と指導内容を関連させながら、身につけた知識や技能が活用できる総合的な学習として行うものです。

英語イマージョンの授業

グローバルクラスでは、ネイティブの先生の指導による週三回の英語の授業以外に、算数、理科、図工の授業でも英語で学んでいます。このように英語を使って教科を学ぶことで英語を身につける学習方法のことをイマージョン教育といいます。

はたして日本語が母語の子どもにとって、英語で学習していても教科の学力はついているのでしょうか。

グローバルクラスの担任は、日本人の先生と英語ネイティブの先生の二人体制ですが、英語イマージョン授業では、この二人の先生が授業前の話し合いを多く持ち、よりよい授業になるように努めています。また、イマージョン教科においては、英語で授業をし、単元の終わりに日本語で確認の時間をとった後に英語と日本語両方のテストを行い、個に応じたフォローを行っています。その結果、香港校小学部のグローバルクラスの子どもの学力検査の平均値は、日本国内で行われている全国テストの平均値からみても高い数値が出ています。

毎学期はじめにオンライン英語教材i-Readyの診断テストで英語の読む力を測っていますが、診断テストの結果をみるとどの子どもも英語力が向上しています。英語イマージョン授業や英語と日本語での授業により、リスニング力が確実に向上して、英語で理解し、表現する力が身についてきています。

新しい教科「グローバルスタディーズ」の実践

グローバルスタディーズでは、世界的な課題について日本語と英語による探究学習をとおして、グローバル社会で通用する「英語コミュニケーション力」、調査力・分析力・討論力・プレゼンテーション力などの「課題解決力」を育て、「探究心に満ち、前向きに学ぼうとする姿勢」「未知のことに対して、学習したことや自分の体験に基づいて自分なりに解決しようとする姿勢」「自分の主張だけでなく他人の考えも興味を持って受け入れようとする姿勢」を身につけることを目指しています。

四年から六年までの各学年で学期ごとに探究するグローバルスタディーズのトピックは次のとおりです。

〈四年〉多様性――いろいろな文化や考え方／限られた資源としての水／未知への探検

と発見
〈五年〉環境と持続可能な社会／イノベーションテクノロジーとその影響／メディアが人に与える影響
〈六年〉紛争と平和／ガバナンスと人々の暮らし／自由研究

このトピックと学習内容は、グローバルスタディーズをとおしてどのような人になってほしいか、伸ばしたいスキルは何か、子どもの発達年齢、社会科を中心とした他教科との関連性、香港の地で得られる資料や校外学習先、ＩＢのカリキュラム、国際問題、持続可能な開発目標（ＳＤＧｓ）を考慮して決められています。

たとえば、四年生の「多様性」では、香港という、国籍・言語・文化・年齢・価値観など、多種多様なバックグラウンドを持つ人にあふれた環境をいかし、ＳＤＧｓの目標「質の高い教育をみんなに」「ジェンダー平等を実現しよう」と関連づけ、香港にあるたくさんの「違い」をみつけていく中で、それらの「違い」が豊かな文化や生活を形づくっていることに気づき、多様性を尊重できる人になることを目指しています。

このトピックをとおして子どもは、世界の教育の現状、質問の仕方、インタビューの仕方、メモのとり方、比較の仕方、リサーチの仕方、ルーブリックによる自己評価の仕方、プレゼンテーションの仕方について学びます。また、「多様性」について自分の考えをエッセイにまとめる他、多様性を伝える劇や、ポスターセッションをとおして全校の子どもに向けて発信します。この他、「世界一大きな授業（The Biggest World Lesson）」に参加し、世界の教育をよくするために自分たちでできることを考え、それを日本政府に手紙で伝える活動にも取り組んでいます。

グローバルスタディーズの授業に対するアンケートでは、全学年の子どもが「授業が楽しい・面白い」と受け止めています。また、グローバルスタディーズでは、いずれのトピックでもものごとの裏面性に視点を置いて考える活動を取り入れたり、学習の達成度を評価する対象・内容に合わせて評価基準を設ける「ルーブリック評価」を用いたりしています。そのことで、「いま自分がどの項目がどれくらいできているのか」を知ることができ、上の学年にあがるにつれて、「自分の学習を自分で管理することができる」「いろいろな立場や見方で考えることができる」ようになると感じる子どもが多くいます。また、「苦手だったプレゼンが面白くなった」「グローバルスタディーズは知らなかったことはもちろん、考えようともしなかったことについて学べる」「貧しい地域へ行ってお手伝いをしたい」「世界の現状や平和のための活動をしている人について、もっと知りたい」など、グローバルスタディーズの学習から、さまざまな情報や見方を理解しながらも、自分が思うことを表現したり、課題の解決に向かって行動に移せる人へと成長する様子がみられます。

二節　シンガポール日本人学校の探究学習

探究学習の取り組み

シンガポール日本人学校は、小学部がクレメンティ校とチャンギ校、中学部がウエストコースト校の計三校からなり、子どもの数は約二〇〇〇人からなる大規模校です。

総合的な学習の時間では、「シンガポール」という国・地域を題材として校外学習や調べ学習を行い、現地理解教育に取り組んできました。

二〇一八年度に「持続可能な社会を実現するための探究力の育成」を重点課題の一つに掲げる「シンガポール日本人学校グローバル人材育成大綱」が策定・施行され、これまでの総合的な学習の時間は、中学部では「探究科」、小学部では「探究科基礎」と改称し、現地理解教育を中心に、「持続可能な開発のための教育」（以下、ＥＳＤ）の視点を取り入れた探究学習を推進するようになりました。

ＥＳＤでは、世界にあるさまざまな現代社会の課題（図４－１参照）を自らの問題としてとらえ、身近なところから取り組むことにより、それらの解決につながる新たな価値観や行動を生み出し、それによって持続可能な社会を創造していくことを目指しています。

シンガポール日本人学校では、子どもにとって身近なシンガポールが抱える問題を切り口に、地球上で起きているさまざまな課題を解決することの重要性について子どもが認識し、課題の

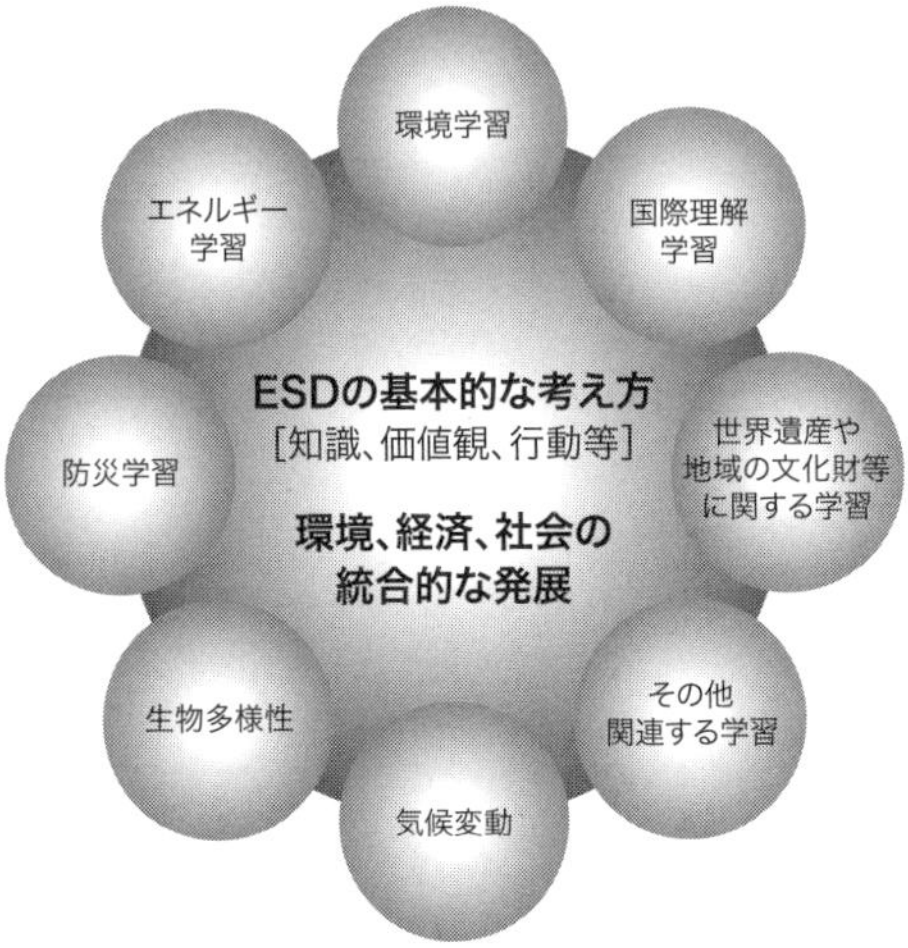

図4-1　ESDの概念図

出典：文部科学省

解決につながる新たな価値観や行動などの変容をもたらすために、IBの要素を取り入れた探究科基礎の研究を進めています。

ESDの視点を取り入れた探究科基礎の実践

シンガポールは日本よりもはるかに小さな国土であるにもかかわらず、プラスチックの多量使用、低いリサイクル率、廉価な飲食店の屋台や店舗を集めたホーカやホテルなどの膨大なフードロスなどの廃棄物問題を抱え、ゴミの量は日本と変わらず、年々増加しています。

四年の「探究科基礎」では、シンガポールが持続可能な社会を目指していく上で避けては通れない環境問題に着目し、

「すくえ！シンガポールの危機」という単元（全二五時間）の授業を行いました。

単元の導入では「シンガポールは本当にきれいな街なのだろうか」というテーマの討議から、「空港や中心市街地など、人が集まるところは整備されていて、ゴミも見当たらないのできれいな街である」と考える子どもがいる一方で、「ゴミの分別もせず、セマカウ島に埋め立てているので、きれいな街ではない」という考えも出ました。討論の後、「一〇年後もきれいな街でいられるのだろうか」という問いに対して「このままではゴミだらけになる」「なんとかしなければならない」と、自分ごととしてとらえる意識の変容がみられました。シンガポールの現状が本当にそうであるのかを自分の目で確かめるために、学校内のゴミの量・種類やシンガポールの街頭調査に取りかかり、調査活動をとおして環境問題の深刻さを子どもは実感することができました。

調査活動の後のまとめを行う段階で、「よりよい暮らしと環境は影響し合っている」ということについて話し合う時間を設けたことで、両者のバランスがとれた解決策を考えていかなければならないことに多くの子どもが気づきました。その後、グループごとに分かれて、持続可能な社会の実現に向けたアイディアを考える活動では、「それにはどんな役割があるのか（機能）」「どんなものなのか（形・形態）」「それを使えばどう変わるのか（変化）」の面から、自分たちのアイディアを分析していました。最後に「これならシンガポールが救える」と賛同できるアイディアへの投票を、全校の子どもや教職員に働きかけるなど、世界的な諸問題に対してグローバルな視点で考え、実践しようとする子どもの姿がみられました。

三節　ＩＢの理念をいかしたパリ日本人学校

なぜＩＢに着目するのか

パリから南西約二〇キロに位置するサンカンタンにあるパリ日本人学校は、世界に誇る数々の美術館や世界遺産に囲まれる日本人学校で、小学部と中学部の子どもの数は合わせて約二二〇名の学校です。

パリ日本人学校では、世界で活躍するグローバル人材の育成を指導の重点に置き、ＩＢの理念をいかした探究学習の研究を進めています。

香港日本人学校、シンガポール日本人学校と同様に、なぜパリ日本人学校もＩＢに注目するのでしょうか。

それは、ＩＢの教育プログラムは、グローバル化した社会で活躍できるよう、豊かなコミュニケーション能力と異文化への理解、そして自ら課題を発見し、解決する能力を有する人材の育成に有益であると、世界の多くの国・地域で高く評価されているからです。ＩＢは、全人教育を通じて、主体性を持ちバランス感覚にすぐれた、国際社会で貢献できる人材の育成を目的とし、子どもの年齢に応じて四つのプログラムがありますが、高校相当のディプロマプログラ

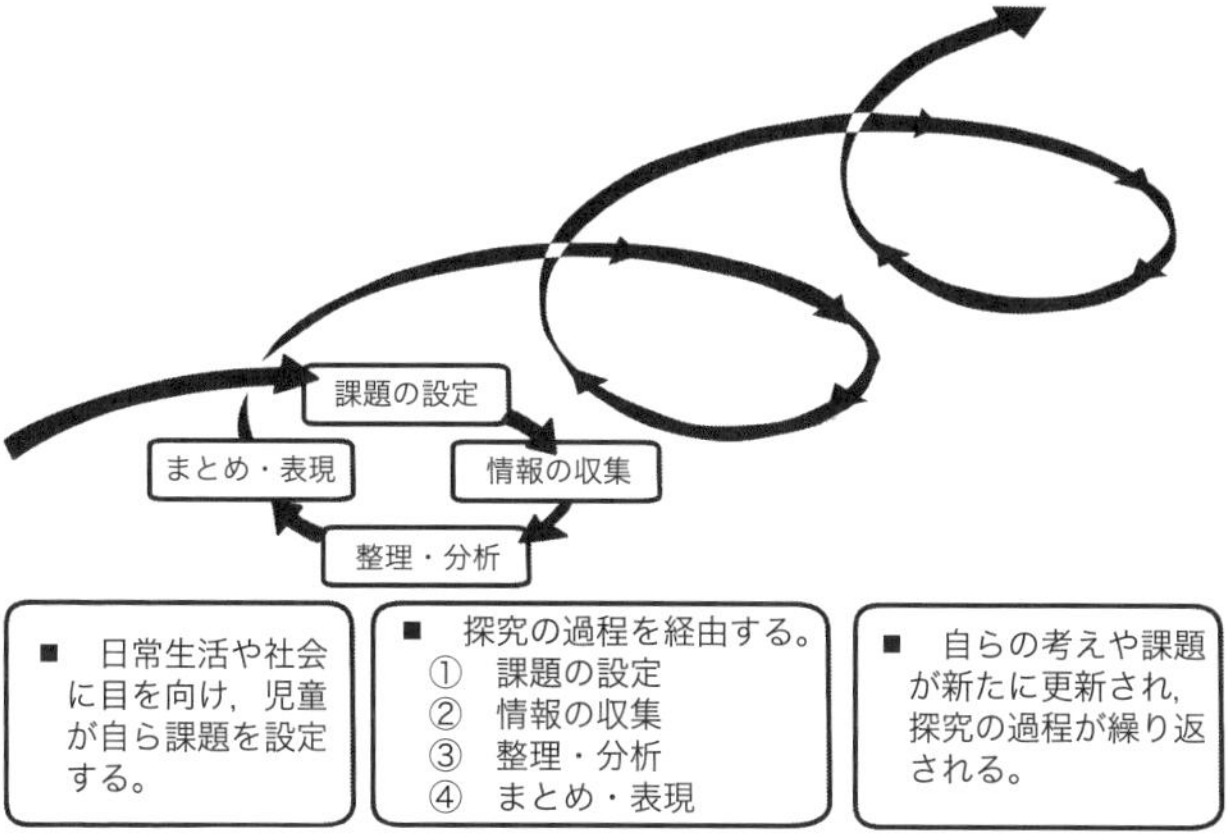

図4-2　探究的な学習における児童の学習の姿

出典：文部科学省　小学校学習指導要領（平成29年告示）解説「総合的な学習の時間編」

ム（DP）は世界の多くの大学が認める大学入学資格を得ることができます。

IBのすべてのプログラムの中心には、「探究」が据えられています。

子どもの学びをより主体的に、かつ深い学びへと導くような探究学習をパリ日本人学校では進めていますが、自分の知識や体験を結びつけ、自らの世界を構築していく、構成主義的なアプローチをとるIBの「探究」から、多くのことを学べることが期待できます。

PYPのよさを取り入れた探究学習とは

探究学習は、日本の学習指導要領でも重視されていて、小学校では「探究的な学習」について図4－2のような「問題解決的な活動が発展的に繰り返されていく一連の学習活動である」としています。

表4-1　探究の学習活動

・探索したり、疑問に思ったり、質問したりすること ・実験したり、可能性を探ったりすること ・これまでの学習と現在の学習を関連づけること ・予測を立てて、何が起こるか確かめるために目的を持って行動すること ・データ収集を行い、結果を報告すること ・従来のアイディアを精査し、できごとの認識を再検討すること ・ある概念を適用して理解を深めること ・仮説を定義し、検証すること ・調査し、情報を収集すること ・一定の立場をとり、弁護すること ・多様な方法で問題解決すること

出典：国際バカロレア機構（2016a: p.35）

探究学習に取り組むには、テーマの設定の仕方、問いの立て方、調査の仕方、検証の仕方、調査のまとめ方、研究倫理を持つことなど、発達段階に合わせて指導していくことが必要です。

ＰＹＰでは、「探究」について、「子どもの理解が現時点でのレベルから、新しい、より深いレベルへ移行するプロセスで、子どももまたは先生によって主導されるもの」[1]と定義し、探究を進めるための学習活動を具体的に示しています（表４－１）。

また、探究の学習活動について「出発点は、子どもの現時点での理解です。そして、ゴールはその理解と、新しい内容を探究することで得た新情報や経験を結びつけることによって、活発に意味を構築することです」と示し、探究することで、子どもがこれまで持っていた知識や考え方が変容することを強調しています。

ＰＹＰでは、探究の学習活動を進めていく上で必要な学習スキルとして「思考スキル」「社会的スキル」「コミュニケーションスキル」「自己管理スキル」「リサーチスキル」があり、これらの学習スキルを身につけるように子どもに意識させることで、子どもは「学び方」を学び、より深い探究へと進めていくことができます。

ＰＹＰのよさを取り入れた探究学習では、子どもが以下の学習活動を、自分で考え行えるように授業を組み立てていくことが求められます。

・自分がそれまでに持っている知識と、新しい知識をつなげて意味を考えること
・自分で疑問を見いだし、探究のテーマを設定すること
・どのような探究の方法がよいのか考えて、その方法を評価すること
・探究学習の活動中、活動後に振り返りをすること
・少しずつものごとを概念的にとらえる能力を身につけ、考えを応用できるようにすること

「水」をテーマにした探究学習

パリ日本人学校の小学部では、小学校一・二年生では生活科の時間に、三年生以上では総合的な学習の時間に、「水」をテーマにした探究学習に取り組んでいます。水をテーマにどのような探究学習の授業を行っているのか、授業の様子を紹介します。

図4-3　探究の形をあらわしたアート作品
（左：軟水と硬水、右：水と循環）

出典：小野江隆（2020）「AG5だより　世界で活躍できる子供たちのために」『海外子女教育』2020年3月号、2頁

まず始めに、全学年において一人ひとりが「水」について思いつく言葉をウェビングマップ（イメージマップ）にあらわす活動を行いました。その後、めいめいで考えたさまざまな水のイメージを、クラス内での意見交換をとおしてカテゴリーに分け、考えを深めることができました。三年生以上の学年では、「水の循環の仕組み」「ヴェルサイユ宮殿に水を引くにはどうしたら？」「軟水と硬水の違い、味やでき方」「泥水を飲まなきゃいけない国はどうしてあるの」など、子どもはそれぞれ自分の課題を設定し、夏休み中にフィールドワーク・調べ学習を行い、その結果をパワーポイントにまとめて発表しました。六年生はさらに、ポンピドゥセンターの現代アート見学で自己表現方法を学んだことから、自己アピール作品を制作し、探究の形をアート作品に表現することができました（図4－3）。

注

（1）国際バカロレア機構（2016）「PYPのつくり方：初等教育のための国際教育カリキュラムの枠組み」（https://www.ibo.org/contentassets/93f68f8b322141c9b113fb3e3fe11659/pyp-making-the-pyp-happen-jp.pdf）

コラム④

国際バカロレア（International Baccalaureate：IB）

IBは、国際バカロレア機構が提供する国際的な教育プログラムで、年齢に応じて、初等教育プログラム（PYP）、中等教育プログラム（MYP）、ディプロマプログラム（DP）、キャリア関連プログラム（CP）に分かれ、2020年4月現在、150以上の国・地域の5000校以上の学校で実施されています。すべてのIBプログラムは、「IBの学習者像」(※) として示される国際的な視野を持つ人間の育成を目指し、六つの教育原理に基づいた指導【①探究を基盤とした指導、②概念理解に重点を置いた指導、③地域的な文脈とグローバルな文脈において展開される指導、④効果的なチームワークと協働を重視する指導、⑤すべての学習者のニーズを満たすために差別化した指導、⑥評価（形成的評価と総括的評価）を取り入れた指導】により、相互に関連する5つのスキル【①思考スキル、②コミュニケーションスキル、③社会性スキル、④自己管理スキル、⑤リサーチスキル】を身につけ、よりよい、より平和な世界を築くことに貢献する、探究心、知識、思いやりに富んだ若者を世界に送り出すことをねらいとしています。

※「IBの学習者像」：探究する人　知識のある人　考える人　コミュニケーションができる人　信念をもつ人　心を開く人　思いやりのある人　挑戦する人　バランスのとれた人　振り返りができる人

（植野美穂）

コラム⑤

探究学習

探究学習とは、子どもが自ら課題を見いだし、その課題を解決するためのプロセスを体験しながら、実社会に通用するような資質・能力を育てる学習活動のことです。探究学習では、「課題の設定」→「情報の収集」→「整理・分析」→「まとめ・表現」→「振り返り」→「新たな課題の設定」という活動のサイクルを繰り返しながら、子どもが、新しく得た知識を自分で統合し、新しい考えを導きだすプロセスを重視しています。

これまでにも学校生活の中で、教科の学習や総合的な学習の時間など、さまざまな場面で調べ学習が行われてきました。探究学習が調べ学習と違うのは、調べ学習では、課題がすでに設定されていて、それを調べていくのに対し、探究学習では、自ら疑問に思ったことを「問い」にし、それに対する「仮説」を立てるというところにあります。子どもの自発的な疑問から、疑問を解き明かそうとするところからスタートしていかなければ、課題の真のねらいや全体像がはっきりしないまま資料を集め、課題を解決するのに適切な資料であるかの吟味がなされないまま、情報を調べて書き写すだけの活動に陥りやすいので注意が必要です。

（植野美穂）

コラム⑥

イマージョン教育

イマージョンとは、浸すという意味の英語の"immerse"から来た言葉です。中島和子さんによると「イマージョンは人為的に習得させたい言語の環境づくりをして、その中に子どもを投入する」ことで、イマージョン教育では、習得させたい言語を、理科、算数、社会科などの教科の授業言語として使うため、普通の外国語の授業では到達できない、高度の認知・学力面の語学力も習得できます。イマージョン教育は、1960年代にカナダのモントリオールの小学校で、フランス語と英語に堪能な人材を育てるために、フランス語を授業のコミュニケーションの道具として使用することから始まりました。イマージョン教育は、現在、カナダだけではなく、アメリカ、オーストラリア、アジア、ヨーロッパなど世界中で行われており、イマージョンによるバイリンガル教育を受けた子どもの母語や学力が一般の子どもに比べて劣ることはないといわれています。そのメリットとしては、(1) 柔軟な思考力や想像力が伸びる、(2) 二つの言語を学ぶことで言語に対する見方やとらえ方がすぐれている、(3) 相手のコミュニケーションニーズにより敏感になる、(4) 異言語を話す人への偏見を持たなくなる、といったことが指摘されています。

参考：中島和子 (2016)『完全改訂版バイリンガル教育の方法』アルク

(植野美穂)

第五章

「日本型能力」と「グローバル型能力」を育む教育

台湾の日本人学校を舞台に

見世千賀子

一節　なぜ日本人学校が選ばれるのか

多様化する日本人学校の子ども

歴史的にも日本との関わりの深い台湾には、台北、台中、高雄の三都市に日本人学校があります。子どもの数は、台北が約八〇〇人、台中が約一二〇人、高雄が約九〇人です。台湾の日本人学校に特徴的なことは、日本と台湾の国際結婚家庭の子どもたちが多く在籍していることで、台北では約三割、台中、高雄では約四割にも上ります。その多くは、海外勤務者のような一時滞在ではなく、永住もしくは長期滞在家庭の子どもです。加えて、数は少ないですが、アメリカ、中国、韓国、フィリピンなど、台湾以外の国の国際結婚家庭や外国籍の子どももいます。家庭での使用言語は、中国語だけでなく台湾の方言（閩南語など）であったり、日本語・

中国語・英語と三言語を使用していたりと、学校の子どもたちの言語的・文化的背景は多様化しています。

保護者の学校選択・グローバルな教育戦略

それでは、なぜ、こうした保護者に、日本人学校が選ばれるのでしょうか。学校の先生方にお話をうかがうと、大きく、日本型教育への期待、日本語能力の育成、そして日本人としてのアイデンティティ形成への期待といったことを挙げられます。少し詳しくみていきます。第一は、日本の教育におけるしつけへの期待です。教室での椅子の座り方、整理整頓など、学習上のしつけのみならず、礼儀や友人との関わりなど、道徳教育への期待があります。第二に、教科学習の他に、総合的な学習の時間やさまざまな学校行事など、充実したカリキュラムが魅力的であることです。そこには、台湾の学校は知識伝達型の教育を行っているとの見方があるようです。このように日本型教育への期待があがってきます。

第三は日本語の力です。日本人学校での学習をとおして育成される日本語能力をキャリア形成にいかしていこうという考えです。特に、両親とも台湾の家庭では、中国語については家庭で責任を持ち、日本人学校で日本語の能力をしっかりと身につけさせて、バイリンガル・バイカルチュラルな人材を育てよう、あるいは、それらに加えて、英語の能力を身につけさせてグローバルなキャリアを形成させようとする、明確な教育戦略があります。たとえば、小学校六年間を日本人学校で教育を受けさせた後、中学からは英語を身につけるために、第三国の全寮制のインターナショナル・スクールで学ばせるという選択をした家庭もあります。こうした考えは功利的にも受けとれますが、親としてよりよい教育を子どもに受けさせ人生の選択肢を広げたいと願う結果ともいえます。第四は、両親が日本と台湾の国際結婚家庭の場合は、日本人としてのアイデンティティ形成への期待も大きいようです。

グローバル型能力が育まれる学校――子どもの姿より

それでは、台湾の日本人学校ではどのような子どもが育っているのでしょうか。ここでは、台北日本人学校を卒業した一人のお子さんへのインタビューを紹介します。日本と台湾の国際結婚家庭に生まれたAさんは、小学五年生で日本から台北日本人学校に転校し、中学校を卒業した後、台湾の高校へ進学、そして、この春から日本の大学に進学しています。台北日本人学校での生活を振り返って、そこで学んだこと、身につけたことを次のように述べています。

まず、新しいことに挑戦する勇気が台北日本人学校での五年間で身についたように思います。わたしの場合、日本では女子校に通っていたこともあり、小学校五年生のときの台北日本人学校への編入はいってみれば「未知の世界」でした。男子がいる、ということはもちろんのこと、地域を問わずたくさんの人が集まる学習環境、というのははじめてのことでしたし、緊張もしました。しかし逆にいえば、それが「新たな自分」を再スタートする大きな動力になったように思います。自分のことを知らない人しかいない、そんな環境だからこそ、勇気を出して「なりたい自分」に挑戦できました。編入して一週間目で学級委員に立候補したことを皮切りに、児童会副会長、児童会長、生徒会副会長、生徒会長、スポーツフェスティバル実行委員長など、さまざまな人前に立つ役職に挑戦するようになりました。

ここでなによりも幸運だったのは、仲間に恵まれたことだと思います。自分のことを知らない人しかいないというのは確かに一つの大事な要素ではありますが、それ以上に、異質なものや新しいものを受け入れる懐の深さが同級生一人ひとりにあり、「受け入れてもらえる」という安心感が土台にあったからこそ、思う存分、自分らしくいられました。その懐の深さが、第二に台北日本人学校で得たものだと思います。

このAさんの語りからは、①多様性への寛容性、②自己肯定感、③新しいことに挑戦する力が育まれていることがうかがえます。台北日本人学校では、全校の子どもは約八〇〇人ですが、このうち、年間約二〇〇人の転出入があります。出会いと別れを繰り返すのは、日本人学校の性ともいえるでしょう。転校先で友だちができるのか、いじめられたりしないかという不安の中で、自らも転校を経験している子どもたちも多く、優しく受け入れてもらえます。日本全国あるいは海外を経て移動してくる子どもたちに加えて、台湾の現地で育った子どもたちの持つ多様性が、異なるものや新しいものを受け入れる懐の深さを育んでいるのではないでしょうか。また、そのような中での先生の日々の教育活動によって、多様性を尊重する姿勢、その中で育まれる自己肯定感、そして、自己肯定感があるからこその新しいことにも挑戦できる力が育っているのだと思います。

さらにAさんは台北日本人学校で得たものについて次のようにも述べています。

第三に、一生懸命でいることの格好よさを学びました。年頃になると、一生懸命になること、必死になること、何かをがんばることを、「ダサい」と感じるようになる人もいると思います。そして多くの場合、それはクラスや学年といった、コミュニティ全体に蔓延していくものです。そのような悪循環がなかったこと、一生懸命に何かに挑戦する人を素直に応援する雰囲気が学校全体にあったことで、真っ直ぐに生きていきたい、という自身の軸となる部分が形成されました。

こうして振り返ってみると、台北日本人学校での五年間は、本当にかけがえのないものでした。多くの場合、日本人学校に通う、というのは子ども自身の選択ではないと思います。新たな環境に身を置くというのはそれなりのリスクを伴うものですし、きっと多くの人が、台北日本人学校に編入する前は、「行きたくない」「転校なんてしたくない」と思ったことがあると思います。けれど実際に身を置いた後では、期間は違えど、台湾に来てよかった、台北日本人学校で過ごせてよかったと思うようになった人が大半ではないでしょうか。わたしもその一人です。

ここから、台北日本人学校には、がんばる人が報われる、やりたいことにチャレンジできる学校文化や教師文化がつくられていることがうかがえます。駐在員家庭の子どもたちは、一時的に数年間を台湾で過ごし、また日本や第三国へ移動していきます。国際結婚家庭の子どもたちの多くは、小学部の一年生で入学し、中学部の三年生で卒業するまで九年間を過ごします。在籍期間の違いはあっても、すべての子どもたちにとって、かけがえのない存在であり、この学校に来てよかったと思ってもらえる日本人学校を、教職員、保護者、現地社会の人々との協働でつくっています。

多様な文化・言語背景を持つ子どもたち・人々が関わり合う台湾にある日本人学校は、「日本型能力」と「グローバル型能力」を育成することができる学校です。次に、取り組みを紹介しながら、その可能性と課題を探っていきます。

二節　言葉の力を育む
――多言語・多文化能力を備えた子どもの育成のために

日本語指導はなぜ必要か――豊かな学び合いの実現のために

日本だけでなく、台湾やその他の国々の異なる文化・言語背景を持つ子どもたちとともに学ぶことは、子どもたちの学び合いをより豊かなものにしてくれます。複眼的なものの見方、グローバルな広い視野、文化的な差異による葛藤や衝突に対処する力、自分の考えを正確に相手に伝える力など、グローバル社会で生きていくために必要な力を身につけることにつながります。日本人学校の場合は、基本的な教授言語は日本語です。豊かな学び合いを実現するためには、まずもって、日本語の力をしっかりと育むことが日本語を母語とする子どもにも、他言語を母語とする子どもにも必要です。

複数の言語環境にある国際結婚家庭では、家庭によって言語使用の状況は異なります。父親が日本人である場合、幼い子どもは母親の言語である現地語に多く触れていることが予想されます。学校での学習に参加するための言葉の力の発達には、就学前の言語接触の量と質が重要であるといわれています。就学前や家庭での言語と学校での言語が異なる場合、学校生活や学習のいろいろな場面で困難が生じる可能性があります。しかし、幼少期から日本語にも触れて育っている国際結婚家庭の子どもたちは、適切な支援を受けることで日本語での学習に十分に参加でき、日本語と現地の言語の両方を伸ばしていくことが可能です。

そうした支援の一つの方法として、台北日本人学校では、一～二年生の希望者を対象に、放課後に週一回、三五分の日本語補習の時間を設けています。指導を担当するのは、一年生、二年生の担任の先生です。少人数で先生とたくさん日本語でやりとりしながら学べるこの時間を、子どもたちも楽しみにしています。通常の授業に先立って、語彙の意味や文章の理解など、子どものつまずきそうな点を先に教えておくことで、日本語の力が弱い子どもも持てる力で授業の内容を理解し、学習活動に参加していくことができます。先生方も日本語指導をすることで、通常の授業の中でもこの言葉は難しいから言い換えた方がいいなとか、言葉だけでの説明で理解するのは難しいから写真を用意しておいた方がいいかなといった、日本語支援、学習支援の視点を得ることができます。このことは、日本語を母語とする子どもにとっても、わかりやすい授業をすることにつながります。

台中日本人学校でも、小学部の一年生から六年生まで、週一回行っている中国語の時間を使って、希望者には日本語の指導をしています。子どもの在籍学級での学習状況を把握している担任が指導を行うことで、より効果的に言葉の力を育てようとしています。台中日本人学校では、この日本語授業での少人数・個別の日本語指導と、在籍学級での日本語支援の視点を取り入れた授業づくりという、二本柱での実践研究を行ってきました。中学部では、日本語の授業はありませんが、小学部と同じように各教科で日本語支援の視点を取り入れた授業づくりに取り組んでいます。併せて、台中日本人学校では、「主体的・対話的で深い学び」のある授業を目指して、対話活動を取り入れた実践も行っています。対話活動は、日本語を母語とする子どもにとっても、他の言語を母語とする子どもにとっても、日本語の力を伸ばし、思考力、表現力、判断力を育成する効果的な方法です。日本語や言葉の力を育成するという学校の課題に対し、日本語支援と対話活動を効果的に取り入れるという視点からの授業改善を行っています。学校全体でのこの取り組みは、これからの学校に求められているカリキュラムマネジメントにつながるものであるといえます。

多言語・多文化能力を育てる

台湾の三つの日本人学校では、おおむね週に一回、中国語の授業があります。いずれの学校もレベル別の少人数指導が行われており、どの学校にも日本の大学や大学院に留学した経験のある、日本語と中国語のバイリンガルの常勤講師の先生が長年勤務されています。こうした先生方は、中国語の授業の実施や全体のコーディネートだけでなく、現地校との交流に携わって、日本人学校で中国語の能力を高めることに尽力しています。台北日本人学校の先生方は現地の高校への進学指導も担当しています。ここでは、二〇一九年末に台北の先生方と高雄日本人学校を訪問した際に参観した授業の様子を、台北日本人学校の簡先生、林先生、飯塚先生の報告をもとに紹介します。

高雄日本人学校の中国語の授業は、家庭の言語環境や滞在年数によって三つのレベルに分けられたクラスで行われています。参観した、小学校二年生の中国語の授業では、上級のレベルのAクラスの子どもは三人で、そのうち二人は日本人と台湾人の家庭に生まれ、日常的に中国語を使用している子ども、残る一人は両親とも日本人の家庭の子どもです。Aクラスは現地校の教科書を使っており、先生は中国語で発展問題（「滑り台を使うとき、何に気をつけなければならないですか」）について質問していました。三人は意欲的に手を挙げて中国語で答えようとしていました。次に、先生は漢字カードを取り出して、その漢字を用いる言葉を考えさせていました。三人は次から次へと思いついた言葉を発言しています。最後は、絵カードと台湾の発音表記（注音）のカードを使って神経衰弱のゲーム形式で遊びながら学ばせていました。

初級と中級のレベルが混在しているBクラスの子どもは九人です。Bクラスは高雄日本人学校で独自に開発した中国語の教科書を使ってクリスマスの単語について勉強していました。台湾の発音表記（注音）をみて発音する子どももいれば、先生の発音を聞き取ってかたかなで単語の発音を表記して覚える子どももいます。すぐに正しく発音できる子どももいれば、一生懸命聞き取って、何回も発音を繰り返しやっと発音できる子どももいます。子どもたちはメモをとったり、自分で発音したりしながら真剣に学習に取り組んでいました。

授業の後、参観した先生方は中国語で意見交換をしていましたが、使用している教材や授業の進め方などとても参考になったと話していました。意外にも、このような中国語の先生方の交流ははじめてだそうです。現地で採用されている中国語の先生方にも、このような力量形成のための研修の機会が定期的に設けられるとよいと思います。

各日本人学校は現地校との交流も行っていますが、中国語授業で学んだことは、交流の場や生活科や社会科などでの現地見学の機会などでの活用と有機的に関連づけられています。また、中国語を使う機会は、日本語の力が弱くても中国語の力を持っている子どもにとって、自尊感情を高める重要な場にもなっています。

グローバル時代を背景に、新型コロナウイルス感染症の影響が拡大する中で、これまでの欧米志向の英語対応の人材だけでなく、中国や香港、台湾などの情報を中国語でいち早く解読できる人材の育成を求める声もあります。台湾の日本人学校は、こうした人材の育成にも貢献できるのではないでしょうか。

三節　日本に興味関心を持つ子どもを育てる
――高雄日本人学校教員の挑戦

現地校での日本語・日本文化紹介

高雄日本人学校では、先生が現地校の子どもに日本語指導を行うことで、先生自身のグローバルな資質を養うことに効果をあげています。高雄日本人学校は、在籍する子どもの数の減少から五年前に、独立した校舎から、高雄市立中正國民小學（以下「中正國小」）という現地校の校舎に間借りしています。現地校の中にある日本人学校という珍しい形態で運営されており、日常的に現地の子どもたちや先生と行きかい接する機会があります。

この立地条件によって、高雄日本人学校が独自に行っている取り組みとしてとても興味深いのが、現地校の小学生に対する日本語・日本文化の授業です。中正國小の五年生と六年生を対象に、現地校の新学期が始まる九月から一二月にかけて、週一回、外国語活動のような授業が行われています。この取り組みは、この校舎に移ってきた二〇一五年度から始まり、二〇一九年度が五年目になっています。中正國小の子どもへの日本語指導は、簡単な日本語や日本の文化に触れる機会をとおして、中正國小と日本人学校双方の子どもの親近感をより深め、互いに協力し合える良好な関係を築くことや、中正國小の子どもの日本文化に対する理解や関心を高めることがねらいです。各学年、一クラスあたり三時間のプログラムになっています。中正國小は規模が大きく、両学年とも一〇クラスあるため、合計の授業時数は六〇時間です。これを、高雄日本人学校では主に、日本からの派遣二年目の先生が中心となり、二〇一九年度は五名の先生で担当しています。一人あたりの持ち時間は一二時間、毎週一回ずつ、一二回担当します。

先生方は、この授業に備えて、着任直後から中国語を学んでいます。現地校の子どもたちに日本語での指示では伝わらないことが多いため、先生方が中国語で指示が出せるように対策をとっているのです。授業の内容は、自己紹介の仕方を日本語でやってみたり、日本語でじゃんけんをしたり、日本と台湾の人気のある食べ物のスライドをみせながら、その日本語の呼び方を教えたりしています。台湾で人気のある日本のアニメのキャラクターなども用いながら、子どもたちが興味を持って、楽しく日本語や日本文化を学べるような工夫をしています。

ある日の授業を参観しましたが、とても流暢な中国語で子どもたちと活発にやりとりしながら授業をしている先生もいれば、片言ながらも、子どもたちを上手に巻き込んで楽しく授業をしている先生もいます。

二〇一九年度は、さらなる授業改善のために、高雄日本人学校の廣政先生が担当した中正國小の六年生の六クラス一四八人を対象に、五段階での授業評価を実施しています。廣政先生の報告(1)によると、「授業は楽しかったですか」という質問に対して、もっとも高い平均値である四・七〇が出ています。最高の五の評価をつけた子どもは全体の八〇%を占めています。反対に、もっとも低い評価の平均値が出た項目は、「授業はよく分かりましたか」という質問であり、平均値は四・二四となっています。子どもは、楽しく授業を受けている反面、内容がいまひとつ理解できていないと感じている様子も明らかになりました。「日本に対する興味や関心は高まりましたか」「もっと日本語を学びたいですか」という項目では、どちらも高い評価が出ています。自由記述でも「知識がたくさん増えたと思う」「面白いから毎日授業があったらいいのに」「さらに多くの日本語や地名を知れてうれしい」「この授業が面白くて興味深かった、日本への理解が深まった!」「もっとたくさん日本語の授業をしてほしい」といった感想が挙げられており、この授業が台湾の現地校に通う子どもたちの日本への関心を高める一助になっていることがうかがえます。

先生のグローバルな力を育む

今回、廣政先生は日本語授業を担当した日本人学校の先生へも「グローバル人材としての教員の資質向上について」というアンケート調査を行っています。質問項目のうち平均値が高いのは、「自国とは異なる言語や文化に対する関心や興味が高まった」「多様なバックグラウンドを持つ相手とも互いに理解し合うことの重要性を感じることができた」といった異文化理解に関わる項目で、平均四・七となっています。自由記述をみると「現地小学校の中に入り、授業を行えたことで台湾の小学生の様子を理解できた」「言語の交流だけでなく、現地の子どもの実態、日本への興味関心の度合いを直接関わり知ることができた」「日本語指導を行うことで子どもへとより近づき、彼らの文化を肌で感じることができた。異文化理解・他者理解という面からも先生自身のグローバルな感覚を育てることができると思いました」など、異文化理解、子ども理解の重要性が記されています。廣政先生は、「普段近くで生活しているとはいえ、現地校の子どもを深く理解することは難しい。だからこそ、お互いの言葉に真剣に耳を傾け、その内容を知ろうと一生懸命に努める四〇分という時間が持つ意味は大変意義深いと感じた。また、普段日本の教育に携わる先生にとって、他国の教育に触れる機会というのは大変貴重な体験であり、たくさんのことを学ぶことができた。そしてそれが、先生自身の『異文化への理解』へとつながっていったのではないかと考えている」と述べています。

また、「授業を進めるにあたり、柔軟に対応したり、工夫したりしながら進めることができた」という内容項目でも平均が四・六と比較的高い数値になっています。先生たちは、日本語指導の中では言葉が通じない場面や、予想していた反応と違う場面が多々起こることによって、相手の理解度を予想したり反応の良し悪しを判断したりしながら、臨機応変に授業を進めることが多く、このことがこの結果につながったのではないかと考えています。ここでは柔軟性の獲得に加えて、授業力もアップしていることが示唆されます。このような経験は、先生方のグローバル人材としての資質の向上や教員としての力量の向上に効果があり、日本人学校の子どもたちの教育や帰国してからのグローバル化に対応した教育にいかすことができると考えます。

台湾の日本人学校は、治安のよさや親日的環境をいかして、日本、台湾、グローバルという視点から、日本語・中国語・英語をとおした言葉の力をしっかりと育むことを柱として、「日本型能力」と「グローバル型能力」の形成を図っているといえます。

注

（1）高雄日本人学校『二〇一九年度の取組み報告資料』（https://www.ag-5.jp/report/theme5-2/study/detail/108）

コラム⑦

子どもの日本語教育

大人の日本語教育は、外国語学習として、すでに確立されている第一言語を基礎にして行われます。日本の中学・高校で日本語の力を基礎に英語を学ぶのに似ています。文法を学んでから、語彙を増やし、日本語を母語の概念に置き換えることで意味を理解します。しかし、発達途上にある子どもは、多くの場合第一言語が確立する前に、第二言語である日本語を学ぶことになります。第一言語が確立するのは、9〜11歳ぐらいといわれています。抽象的な概念を獲得するためには、日本語を学びながら日本語で教科の学習をするということを同時に進めていく必要があります。子どもの場合、体験的な活動を積極的に取り入れた日本語教育が必要です。

一般的に、日常的な会話に必要な言語の力は「生活言語能力」、教科などの学習に必要な言語の力は「学習言語能力」と呼ばれています。「生活言語能力」は、普段の生活の中で比較的自然に身につくといわれていますが、「学習言語能力」は、まとまった内容を理解したり伝えたりする思考に関わる能力で、「読む」「書く」スキルとともに生活の中で自然と身につくことは期待できません。「学習言語能力」を育てるためには、日本語や国語の授業だけでなく、すべての教科・総合的な学習の時間などをとおして、意図的・計画的に支援していくことが必要です。したがって、日本語の力が十分でない子どもの指導には、一人ひとりの実態に合った日本語補習とともに、在籍学級における日本語支援の視点を取り入れた授業づくりが、重要になるのです。　（見世千賀子）

第六章 日本人学校における日本語力の向上を目指した新たな取り組み

近田由紀子

一節　グローバル環境をいかして、子どもも先生も成長を

日本人学校の先生は、国内での経験や実績もさまざまですが、多文化共生の教育や日本語指導が必要な子どもへの指導経験やノウハウを持っている方は極めて少ないのが現状です。日本人学校に赴任することで、はじめて長期滞在家庭や国際結婚家庭などの日本語指導が必要な子どもたちに出会い、困惑してしまう先生も多いのです。

しかしながら、日本人学校で日本語力の向上を望む子どもたちは、将来グローバルに活躍できることが期待されています。いずれ日本に帰国する子どもたちや先生にとっても、多様な背景を持つ子どもとの出会いや学び合いが、新たな教育の可能性を開くチャンスとなるでしょう。出会いをチャンスととらえ、いかすことによって、みんながプラスになる学びや成長が期待で

きます。

ここでは、マニラ日本人学校、大連日本人学校、青島日本人学校での取り組みやエピソードも交えながら、日本語力向上のために新たにできること、子どもと先生の成長の可能性を紹介していきます。

二節　なぜ新たな教育の可能性を開くチャンスなのか

バイリンガル・バイカルチュラルの強みに注目

日本語力向上を目指している子どもたちは、日本語以外の言語能力が高かったり、現地の文化や情報に精通していたりします。日本の教科の学習を進める上での経験は少なくても、現地での経験や知識があります。それが、学習を進める上で強みとなります。たとえば、社会科で環境学習をする際に、日本の環境問題に関する知識や経験が少なく実感が持てなくても、現地で見聞きしたことや体験、地元のニュースなどの情報を使って、環境問題についてアプローチしていくことができるのです。

ところが、クラスの授業では日本語に難しさを感じていたり、日本語でのコミュニケーションがうまくとれなかったりして学習につまずいたり、自信が持てなかったりしています。つまり、日本語力が十分でないために、持てる力をうまく発揮できていないという状況なのです。

この状況が続くと、自己肯定感も低くなりがちで、自信を失ってしまうこともあります。

同様のことは、日本に住む外国人の子どもにもみられる傾向ですが、海外に住む子どもたちは少し異なることもわかってきました。家庭の教育環境に恵まれている子どもが多いことや、海外に住んでいるということから日本語以外の言語、母語の力が高いという傾向もあるかもしれません。そのため、日本語と母語の両言語を伸ばす取り組みが有効であると考えられます。

そこで、これまでの日本人学校の授業では注目してこなかった力、バイリンガル・バイカルチュラルの強みを発揮しながら日本語の力もつけていける授業ができたらどうでしょうか。先に述べた日本語以外の言語能力や現地の文化や情報、現地での経験や知識はもちろん、その子がこれまで成長するうちに身につけてきた感性も含めて考えていくことにしましょう。

多様な見方・価値観との出会いが、すべての子どもたちのプラスに

バイリンガル・バイカルチュラルの強みをいかして日本語力を向上させる授業は、他の子どもたちや先生にとってもプラスになります。それはなぜでしょうか。

具体的には後に述べますが、一言でいえば、多様性に富み、多角的で広い視野からものごとを考えることができる授業が実現できるからです。バイリンガル・バイカルチュラルの視点から、自分たちが知らなかった現地の情報や考え方を知ったり、その違いから課題が明確になってより深く考えたりすることができます。

郵便はがき

料金受取人払郵便

神田局
承認

7846

差出有効期間
2024年6月
30日まで

切手を貼らずに
お出し下さい。

101-8796

5 3 7

【受 取 人】

東京都千代田区外神田6-9-5

株式会社 **明石書店** 読者通信係 行

お買い上げ、ありがとうございました。
今後の出版物の参考といたしたく、ご記入、ご投函いただければ幸いに存じます。

ふりがな お 名 前	年齢	性別

ご 住 所 〒 -

TEL ( ) FAX ( )

メールアドレス	ご職業（または学校名）

*図書目録のご希望 □ある □ない	*ジャンル別などのご案内（不定期）のご希望 □ある：ジャンル（ □ない

書籍のタイトル

◆本書を何でお知りになりましたか？

□新聞・雑誌の広告…掲載紙誌名［　　　　　　　　　　　　　］

□書評・紹介記事……掲載紙誌名［　　　　　　　　　　　　　］

□店頭で　□知人のすすめ　□弊社からの案内　□弊社ホームページ

□ネット書店［　　　　　　　　］　□その他［　　　　　　］

◆本書についてのご意見・ご感想

■定　　価	□安い（満足）	□ほどほど	□高い（不満）
■カバーデザイン	□良い	□ふつう	□悪い・ふさわしくない
■内　　容	□良い	□ふつう	□期待はずれ

■その他お気づきの点、ご質問、ご感想など、ご自由にお書き下さい。

◆本書をお買い上げの書店

［　　　　市・区・町・村　　　　書店　　　　店］

◆今後どのような書籍をお望みですか？

今関心をお持ちのテーマ・人・ジャンル、また翻訳希望の本など、何でもお書き下さい。

◆ご購読紙　(1)朝日　(2)読売　(3)毎日　(4)日経　(5)その他［　　　　新聞］

◆定期ご購読の雑誌［　　　　　　　　　　　　］

ご協力ありがとうございました。

ご意見などを弊社ホームページなどでご紹介させていただくことがあります。　□諾　□否

◆ご 注 文 書◆　このハガキで弊社刊行物をご注文いただけます。

□ご指定の書店でお受取り……下欄に書店名と所在地域、わかれば電話番号をご記入下さい。

□代金引換郵便にてお受取り…送料＋手数料として500円かかります（表記ご住所宛のみ）。

書名	冊
書名	冊

ご指定の書店・支店名	書店の所在地域 都・道 府・県　　市・区 町・村
	書店の電話番号　（　　　）

たとえば、先に例として挙げた環境学習をする際に、日本と現地の互いの情報を共有すれば、情報量が増えることはもちろんですが、その違いや共通点から深く考えたり、多角的なものの見方・考え方ができたり、新しいアイディアが生まれたりします。文部科学省が新学習指導要領で明記している「主体的・対話的で深い学び」に通じるものです。これからの時代に特に重要であるといわれている、思考力・判断力・表現力や創造する力を培うにはもってこいの学習ができるというわけです。また、さまざまな子どもとの学び合いをとおして多様な考え方や価値観に寛容な人間性も育むことができ、すべての子どもたちのプラスとなります。

このような学び合いでは、地域や学校・クラス、個々の子どもの持っている力や特性がさまざまなため、複雑な要素が混ざり合って影響し合います。子どもたちの学び合いは、ある意味ケミカルであるともいえるでしょう。予想とは異なる結論を導いたり、創造的なアイディアが生まれたりして、新たな可能性が開ける絶好のチャンスといえるのではないでしょうか。

三節　言語力だけでない子どもたちのニーズ

成長過程にある子どもたちの言語習得は、大人が外国語を学ぶ方法とは異なります。体験や人との関わり、学習をとおして言葉と出会い、言語能力を高めていきます。そのため、学校での人間関係や心理的な面も大きく影響します。

ここでは、日本語力向上を目指す子どもたちのニーズを、学習言語能力、アイデンティティ、エンパワメント(1)の視点からみていきましょう。

学習言語能力

マニラ日本人学校や大連日本人学校で、簡単な語彙測定を実施したところ、とてもよい結果が報告されました。学校生活に必要な言語能力は、日本国内の日本語指導が必要な子どもより高い傾向がみられます。日本国内の子どもとは、言語能力を高めるためのニーズが少し異なるようです。

先生が普段の授業を進める中で、学習に必要な言語能力に課題があることに気づきました。たとえば、「理解できる語彙が少ないと感じる」「口頭で一度伝えるだけでは、指示を理解できない（聞き取ることができない）子どもがいる」「上手に考えや思いを伝えられない場面がみられる」などです。

学習に必要な言語能力を高めるためには五年〜七年かかるといわれ、その習得の場は、学校の授業、教科学習にあります。言い換えれば、子どもたちのつまずきに対してどのような授業をするのか、先生の力が大きく影響し、先生がどのような授業をするかが鍵となります。

また、国・地域・家庭環境がさまざまな子どもたちが出会う言葉は、個々に異なります。たとえば、日常生活でよく使う言葉でも知らないで過ごしていることもあれば、日本に一時帰国したときの印象的な体験から難しい言葉を覚えることもあって本当に驚かされます。一人ひとりが何につまずいているのかを正確に把握する難しさはあります。しかし、それらを一つ一つ確認して理解させるよりも、子ども自らが言葉の世界を広げていけるような、魅力的で柔軟な学習活動を工夫することが、学習言語能力を高める近道となります。

日本人学校の子どもにもあるアイデンティティの揺らぎ

日本での生活よりも海外生活の方が長かったり、海外各地を回っていて日本での生活経験がわずかだったりすると、日本語力に対する心配だけでなく、自分はいったい何人なのだろうと、心もとなさを感じている子どもたちがいます。国際結婚家庭や長期滞在家庭の子どもたちによくみられる、このようなアイデンティティの揺らぎは、内面的な葛藤であり発達段階により変化していきますが、成長過程における周りの環境も影響します。

日本国内の学校と同じような教育が行われている日本人学校で、日本人の子どもたちや先生たちと多くの時間をともに過ごしていても、アイデンティティの揺らぎが起こるのはなぜでしょう。

アイデンティティとは「他の人と比較して自分の自分らしさ」を見いだしていくことといわれています。日本人学校で「自分らしさ」を見いだしていくことが、必ずしも自信につながっていないのではないでしょうか。

先に紹介した先生たちの気づきの中に「上手に考えや思いを伝えられない場面がみられる」ということがありました。日本語の言語能力が十分でないこともあるのですが、ここに心理的な影響、アイデンティティが関係していると考えられます。得意でない日本語で伝えるのは自信がないというだけではなく、学習を支えるはずの自分の経験やこれまで身につけてきたことが他の子どもたちと違うということが、表現することを躊躇させたり遠慮させたりしているのです。

言語・文化的背景や経験・価値観などが他の子どもと大きく違っていることが、ポジティブな「自分らしさ」を見いだしにくくさせているとしたら、多様性や多様な価値観を共有することで思考力・表現力や創造性などを高める教育に相反することになりかねません。すべての子どもたちのメリットにするためには、「自分らしさ」を見いだしていけるよう、多様性に寛容で子どもの持っている力を最大限引き出すための先生による支援や家庭での支えが必要といえるでしょう。

「自分らしさ」を支えるエンパワメント

表現することを躊躇したり遠慮したりしてしまう子どもたちは、大勢の子どもたちと違うということが知らず知らずのうちに抑圧となっていることが考えられます。このような外的要因を外してしまえば、もっと自由に本来の力を出せるのではないでしょうか。そのためのエンパワメントを、学校や学級で行う必要があります。

大連日本人学校では、学年があがるにつれて「表現活動・コミュニケーション」に対して苦手意識が強くなる傾向がみられたそうです。そこで「自身の個性やよさを理解していること」「相手の価値観を理解・受容した上で、自分自身の価値観を尊重し、よりよい人間関係を築く力」を目指して、学校全体で取り組んでいます。

また、青島日本人学校は学校をあげて多文化共生の教育を進めています。全学年で二つの文化をいかしたバイカルチュラルの視点から授業実践を行い、多様性を尊重した教育を進めています。たとえば、クラスで積極的に発言できるようきめ細かく丁寧な日本語支援をしたり、音楽の授業で中国の楽器二胡の演奏を取り入れて中国文化のよさを実感できるようにしたりするなどの取り組みを行っています。

マニラ日本人学校では学校・学級での安心できる人間関係づくりをもとに、多様な子どもたち一人ひとりが活躍できる「総合学習型日本語指導」を積極的に進めています。現地の教材を有効に活用したり、フィリピンで米づくりをしている農家で体験活動をしたり、ＪＩＣＡの方々にインタビューをしたりと、実に多彩な活動を授業に取り入れ、子どもたちの力を引き出し発揮できるようにしています。

こうした取り組みで多様性に寛容で異なる価値観を尊重できる教育環境ができれば、どの子どもも安心して学べ「自分らしさ」を発揮できるでしょう。それがすべての子どもにとってプラスへと働きます。

四節　新たな日本語力向上プログラム開発へ

基本的な考え方を共有する

日本人学校の先生方は、子どもたちの日本語力向上のための取り組みの必要性を感じていましたが、何をどう支援し教えていいのか、確かな情報やノウハウがあまりありませんでした。日本人学校の誰かが作成した古いテキストを頼りに手探りで指導したり、これでよいのかと自問しつつ指導したりしていることに、不完全燃焼のような違和感を抱いているようでした。

ならば、先生のための学びの機会を提供し支援できればよいと考え、わたしたちは、マニラ日本人学校・大連日本人学校・青島日本人学校各校で、日本語力向上を目指している子どもが在籍する担任の先生だけでなく、すべての先生方に向けて教員研修を実施しました。

研修では、単独で日本語指導を行うのでなく、日本語と教科の統合学習（ＪＳＬカリキュラム）による指導を進めること、そして国語や算数といった教科の枠にとらわれず日本人学校における総合学習型日本語指導を開発することを伝えました。日本語指導についてはじめて学んだ先生方の声を少し紹介しましょう。

・教科を学ぶための日本語指導という視点は、目から鱗でした。
・言語能力は、さまざまな分野からのアプローチが効果的なのですね。
・語彙を増やすことが日本語指導という固定観念を一八〇度変えてくれました。
・母語の大切さや家庭への支援の大切さを知りました。
・学校をあげて取り組むべき課題です。
・帰国後に外国人の子どもの指導にも応用できると思います。

わずか一回の研修でもこれだけの気づきがあったことに、わたしたちも驚きました。ちょうど新学習指導要領への移行期ということもあり、その趣旨や重点も踏まえた上で、日本語力向上プログラム開発の考え方を伝えたのが、功を奏したかもしれません。研修で見通しを持つことができた先生は、すぐに行動を起こしました。

新たな授業づくりにチャレンジした先生たち

研修での学びをいかして、先生方は授業づくりに奮闘しました。週一回放課後に行う日本語学級だったり、通常のクラスの授業だったり、それぞれの実践の場は異なるのですが、さまざまな工夫をこらして授業実践をしました。すると、次のような効果に気づいたそうです。

・日本語支援のための手立てが、クラスの他の子どもたちにも有効となる。
・先生が協働することで、一人では考えられない楽しい授業づくりができる。
・日本語学級で、クラスの授業より少し進んだ内容を扱うと、さまざまな教科の学習につながっていく。
・日本語学級での授業はもちろんのこと、自分のクラスの授業も変わる。
・子どもがわかりにくいと感じるところへの気づきが鋭くなる。

先生方は、日本語力向上のための授業づくりに励むことで、より丁寧に子どもたちと向き合い、自分の授業スタイルが変わってきたことを実感しています。そして、他の子どもたちにとっても楽しくわかりやすく魅力的な授業となっていったことにやりがいを感じていました。また、先生方同士の学び合いや協働から、より創造的な授業をつくりだせたことにも喜びを感じているようでした。

五節　日本語学級の学びが教科の学びにつながる

日本語学級の学び

日本人学校の日本語学級には、大きく二つの設置の仕方があります。一つは、放課後に補習というかたちで週一回程度、希望者に特別に授業を行うもの。もう一つは、クラスの授業がある時間に、別の教室で個別に取り出し指導をする方法です。すべての日本人学校に設置されていればよいのですが、学校の規模や経営方針によって、日本語学級がある日本人学校の方が少ないのが現状です。

放課後の日本語学級ではクラス担任の先生が指導することが多く、取り出して指導する日本語学級では専任の先生が指導しています。どちらも子どもたちのニーズに合わせて、クラスの授業に参加できるようにすることを目指しています。

国語の指導ではない日本語指導

マニラ日本人学校では、国語科・算数科・生活科・社会科などの教科や、学校の行事、日本やフィリピンの年中行事なども含めて、総合学習型の日本語指導をしています。なぜ、このように多くの内容を関連させるような指導を考えたのでしょうか。

日本語学級は週一回の補習です。その時間だけでは、学習言語能力を高めることはとても難しいのです。しかし、少人数での学習で一人ひとりのニーズに合わせて授業づくりをすると、同じ内容でもクラス全員で行う一斉授業よりも短時間で進めることができます。週一回の貴重な時間ですから、できるだけ有効に活用したい、クラスの授業にいかせる学習にしたいと考えると、総合学習型がもっとも効率がよいといえるでしょう。新学習指導要領でも教科横断型の

写真6-1　思い出すごろく（マニラ2年）

指導ができるようカリキュラムマネジメントをすることが提唱されています。日本語学級はそれに先駆けて指導計画作成に取りかかりました。複数の教科やその時々にあった行事などを関連させて勉強できれば、クラスで活躍できる場面もおのずと増えることが期待できます。

実際に、二年生日本語学級では、「二年生の思い出すごろくをつくろう」というトピックで、複数の教科や行事などを組み合わせて総合学習型の授業をしました。国語科「たのしかったよ、二年生」、生活科「あしたへジャンプ」、算数科「かけざん」、図画工作科「思い出すごろく」、水泳大会、現地校（エベレスト校）交流会の内容を、学習活動の中に盛り込みました。すごろくのマスに書く課題を話し合ったり日本語で書いたりした後、みなで決めたルールに従ってすごろくをするという学習です。子どもたちには、次のようなあらわれがみられたそうです（写真6－1）。

・図画工作科と関連づけたので、学習活動をイメージしやすかった。

・短時間でも発表が多くあり、協力し合う姿がみられた。
・すごろくのコマが止まったところで話すこと（ミッション）を、楽しく繰り返すうちに、日本語も上達した。

こうして自信をつけた子どもたちは「ぼくがクラスのみんなに教えてあげてもいい？」と、積極的にクラスの授業に参加しよう、友だちと関わろうとしたそうです。

クラスの学習よりも少し先行して総合学習型日本語指導を積み重ねると、子どもたちがクラスで積極的に発言したり、主体的に学ぼうとしたりする姿が目立ってきます。日本語のテキストだけで行う指導ではなく、複数の教科と関連させ総合的に授業を構成することが、子どもたちの活躍の場を広げていくことがわかります。こうした成長の喜びを、子どもたちも実感しているようで、学習の振り返りシートの自己評価も高かったそうです。そして、楽しく学んで自信がつく日本語学級が大好きなのだそうです。

学習言語能力向上で成績アップ

総合学習型日本語指導で、子どもたちはさまざまな場面で「わかる」「できる」ことが増えると、クラスの教科学習の成績も伸びてきます。しかし、このような指導を始める前は、努力しても思うように成績があがらないことで自信を失ってしまい、学習課題によってははじめからあきらめて取り組もうとしない子どもたちがいました。特に高学年になるとそれが顕著だったといいます。

マニラ日本人学校五年生では、社会科に苦手意識のある子どもたちが自信を持てるように、日本語学級とクラスの連携を密にして、つまずきやすい学習内容を焦点化しました。難しい学習用語について、フィリピンの文化と日本の文化を手掛かりにして理解できるようにしたり、グラフの読み取り方のような技能に関する内容も丁寧に扱って指導したりしたそうです。すると、子どもたちは、クラスの授業にも自信を持って参加し発表できるようになっただけでなく、テストの成績もぐんとあげました。以前は、表やグラフの読み取りや自由記述が苦手で、その部分は白紙のままテストを提出することが多かったそうですが、子どもたちがまちがえることを恐れずに日本語で記入するようになりました。それが正答率をあげることにつながり、社会科の成績はとてもあがったということです。

このように、学習言語能力向上を目指した日本語指導で言葉だけなく学び方も学び、学習の見通しや自信が持てるようになった子どもたちは、精一杯自分の力を発揮しようとして、自分の可能性を自ら開いていくことがわかります。

学びを支える母語の力や体験活動

日本語学級での少人数の指導では、母語の力や体験、操作活動などによって学びを支えたり、写真や動画など視覚的な支援をしたりすることで、理解がスムーズにできたり思考を深めたりすることができます。

マニラ日本人学校一年生が「じどうしゃくらべ」の学習に入る前に、先生はフィリピンのおもちゃ屋で「はたらくじどうしゃ」をいくつか教材として購入しました。子どもたちが実際に手にとって動かすことができるので、その動きや働き、仕組みをあらわす言葉を体験的に習得できます。また思考を深めたり相手に考えを伝えたりするときに、言葉以外のモノがあることは、子どもたちの助けになります。苦手な日本語で伝える前に、モノを動かしたり指し示したりして、まず自分の思考を表出することが大事です。このプロセスがあって、日本語で自分の考えを伝える学習に落ち着いて向かえるのです（写真６－２）。

写真6-2　じどうしゃのおもちゃ（マニラ1年）

また、五年生は、総合的な学習で「フィリピンの川をきれいにするためには何ができるか考える」という環境問題に取り組む前に、日本語学級で泥水をろ過する実験を行いました。泥水を川の水質汚染と見立て、ろ過することによって水が変化する過程を、自分たちで実際に行ったのです。子どもたちは目の前で起こる現象から学習用語を体得し、母語の力も使いながら課題を整理して考えを深め、日本語で表現していきます。このプロセスは一見手間がかかって大変そうに思われますが、子どもたちとのやりとりをとおして先生も新たな知識や価値に気づくことが多々あり、互いに楽しい学びの時間となります。

学び合いを可能にする日本語のスキル

日本語学級では、クラスの教科と関連させた総合学習型日本語指導が有効であることがわかりました。次は、クラスの友だちと対話して学び合うために、具体的にどのような日本語の支援をしているのか紹介します。

日本語学級での少人数の指導では、母語の力や体験、操作活動などによって学びを支えたり、写真や動画など視覚的な支援をしたりすることで、内容を理解したり、思考を深めたりすることができます。しかし、在籍学級で友だちと学び合うために必要な、日本語で表現することや対話することは苦手な傾向がみられます。そこで、教科の内容を扱いながらも、表現するための支援を積極的に行います。たとえば、「キーワードやモデル文を示す」「ペア・グループ・全員で繰り返し表現する機会を設ける」「子どもが先生役になって日本語で出題する」などの支援があります。

青島日本人学校一年生の個別指導では、国語科「じどうしゃくらべ」の在籍学級でのまとめに向けて、自分が選んだ「じどうしゃ」の「しごと」「つくり」のキーワードをみつけてワークシートに書くという学習をしました。Ａさんは、「にだい、ざせき、まど、タイヤ」をはじめとするほとんどの単語を中国語で理解できるので、日本語のキーワードと対応させることをはじめに行いました。次に、そのキーワードを使って、自分で選んだ「ゾウバス」の「しごと」と「つくり」をみつけてワークシートに書くことができました。これで、安心してクラスの友だちに伝えることができたそうです。自信を持って説明する文章が書けたことがうれしかったのでしょう。学習を振り返るカードの自己評価には◎印をつけていました。

マニラ日本人学校一年生では、日本やフィリピンのものを紹介するゲームをしました。問題を出す人と答える人、それぞれの役割を子どもたちが交代しながら行います。「富士山」「おやつ」「いのしし」「タール火山」「メリエンダ」「カラバオ」などを題材に、「まるい」「いつも動いている」などの特徴をヒントにして問題を考えます。先生はこの活動がスムーズにできるようモデル文を示すのみ、子どもたちが主役の活動で、楽しみながら自信をつけていきます（写真６－３）。

このようにして日本語学級で身につけた日本語のスキルと自信が、クラスの友だちとの学び合いを支えていきます。

写真6-3　これはなんでしょう（マニラ1年）

写真6-4　大きなかず（青島1年）

ＩＣＴの積極的な活用

青島日本人学校一年生の個別指導では、算数科「おおきいかず」で、二位数についての数え方、読み方、書き方、構成について日本語で理解する学習をしました。クラスの授業では、一〇のまとまりをつくることが難しそうでしたので、日本語教室では、自分のペースで、日本語で数を唱えたり一〇のまとまりを説明したりしながら答えを導きだすよう指導したそうです。「一〇のまとまり」をつくるというところで、つまずきを乗りこえるために使ったのがｉＰａｄです。ｉＰａｄの画面に現れる絵を数え、一〇集まったら囲んでいくという作業を繰り返し行いました。つぎつぎ画面に絵が現れるので楽しく取り組むことができ、日本語で唱えることにも次第に慣れ、「一〇のまとまり」の概念理解も確かなものになったそうです（写真6－4）。

この他、タブレットやコンピュータを活用して、探求活動をしたりプレゼンテーション資料を作成したりすることも、有効な日本語支援となります。苦手な日本語で表現することはかなり負担感があるのですが、ＩＴ機器で負担感を軽減できるのなら、積極的に取り入れるとよいでしょう。現在は、教育環境も変わり、遠隔授業も一般的になってきました。大連日本人学校や青島日本人学校ではいち早くＩＣＴを取り入れたため、遠隔での授業もスムーズに行うことができました。

六節　クラスみんなの学び合いで新たな可能性を開く

日本人学校の多くは、日本語学級が設置されていないのが現状です。また、日本語学級が設置されていても、学校の大部分の時間はクラスで授業を受けます。ですから、学級担任や教科担任も日本語力向上という視点を持って授業づくりをすることが大切です。文部科学省の新学習指導要領でも、クラスでの日本語支援について明記されました。これらを踏まえ、クラスの授業で先生がチャレンジした日本語支援の取り組みを紹介します。

バイカルチュラルの視点を取り入れた授業

青島日本人学校では、中学部一年社会科「世界からみた日本の自然環境」で、中国と日本の国土の特色を比較する学習をしました。多様性に目を向け広い視野から考えたり探求したりすることがねらいです。クラスには日本での生活経験がない生徒もいました。この生徒にとって日本の国土の学習は動機付けにおいても知識や日本語力においても、クラスの友だちにはかないません。しかし、中国の自然に関してならば他の生徒に負けません。先生は、中国の地形と日本の地形を比較するというバイカルチュラルの利点をいかして授業を行いました。対象を比較することは考えを広げたり深めたりするために有効です。また、日本語支援として、動画や写真による視覚的な支援を行ったり、生徒たちに問いかける日本語の表現を精選したりするなどを心がけたそうです。

マニラ日本人学校では、五年生社会科「工業」の学習で、身の回りにある工業製品について調べるという事前課題を出しました。「身の回りにある工業製品」と「フィリピンにしかないと思う工業製品」をカードに書くという宿題です。普段気にかけることが少ないフィリピンの産業に目を向けるための学習活動です。宿題で調べた結果を共有する場面では、日本語力は十分でなくても地域の情報に詳しい子どもたちが、自信を持って自分の意見を述べることができるようにする必要あります。先生は次のようなモデル文を提示して支援しました。「わたしがみつけた工業製品は〇〇です。わたしは、〇〇は〇〇工業の仲間だと思います。みなさんはどう思いますか」「わたしは、〇〇は〇〇工業の仲間だと思います。なぜなら、〇〇だからです」これなら、バイカルチュラルの強みを発揮できます。実際に子どもたちは積極的に話し合いに参加したそうです。

体験や表現活動などの多様な学習活動

大連日本人学校小学一年生では、クラス全員で「じどうしゃずかん」をつくりました。日本で生活したことのない子どもが三割程度在籍しています。授業に入る前に「じどうしゃクイズ」（車の名前と絵を線で結ぶ）をすると、その正答率は、じょうよう車二〇%、クレーン車九〇%、バス一〇〇%、きゅうきゅう車八五%、はしご車二五%、パトカー二〇%。「バス」は、登下校や中国の日常生活でよく目にしています。「パトカー」は、中国と日本の車両のデザインが異なります。「じょうよう車」は、育った地域に関係なく馴染みのない言葉でした。そこで、「みんなで図鑑をつくろう」という課題を設定し、写真や動画でイメージを膨らませたり、ペアで「〇〇は、〜しごとをしています」をヒントに話し合ったりしました。最後に「しごと」と「つくり」の関係をとらえて、全員で「じどうしゃずかん」を完成させました。友だちと交流しながらできたことで達成感も格別だったようです。

マニラ日本人学校五年生は、総合的な学習で「より豊かなフィリピンへ」に取り組みました。SDGsの目標と関連させたりJICA職員へのインタビューをしたりと、広い視野から多彩な探求を進め、最後に、「川の環境を改善していくためにはどうすればよいのか、みんなで議論して自分なりの考えを持つ」という学習をしました。議論には、六つの立場（フィリピンに住むフィリピン人、フィリピンに住む外国人、フィリピン政府、フィリピンにある工場、川の近くに住む人々、JICA）を想定し、すでに作成したカード（川が汚れている原因が書かれたカードやその解決方法が書かれたカード）を分類する活動をグループで行いました。

この活動では、意見を日本語で表現できなくても、カードを動かして自分の意見を可視化できます。子どもが発言しやすい活動となりました。すでに日本語学級で、川の水質汚染につい

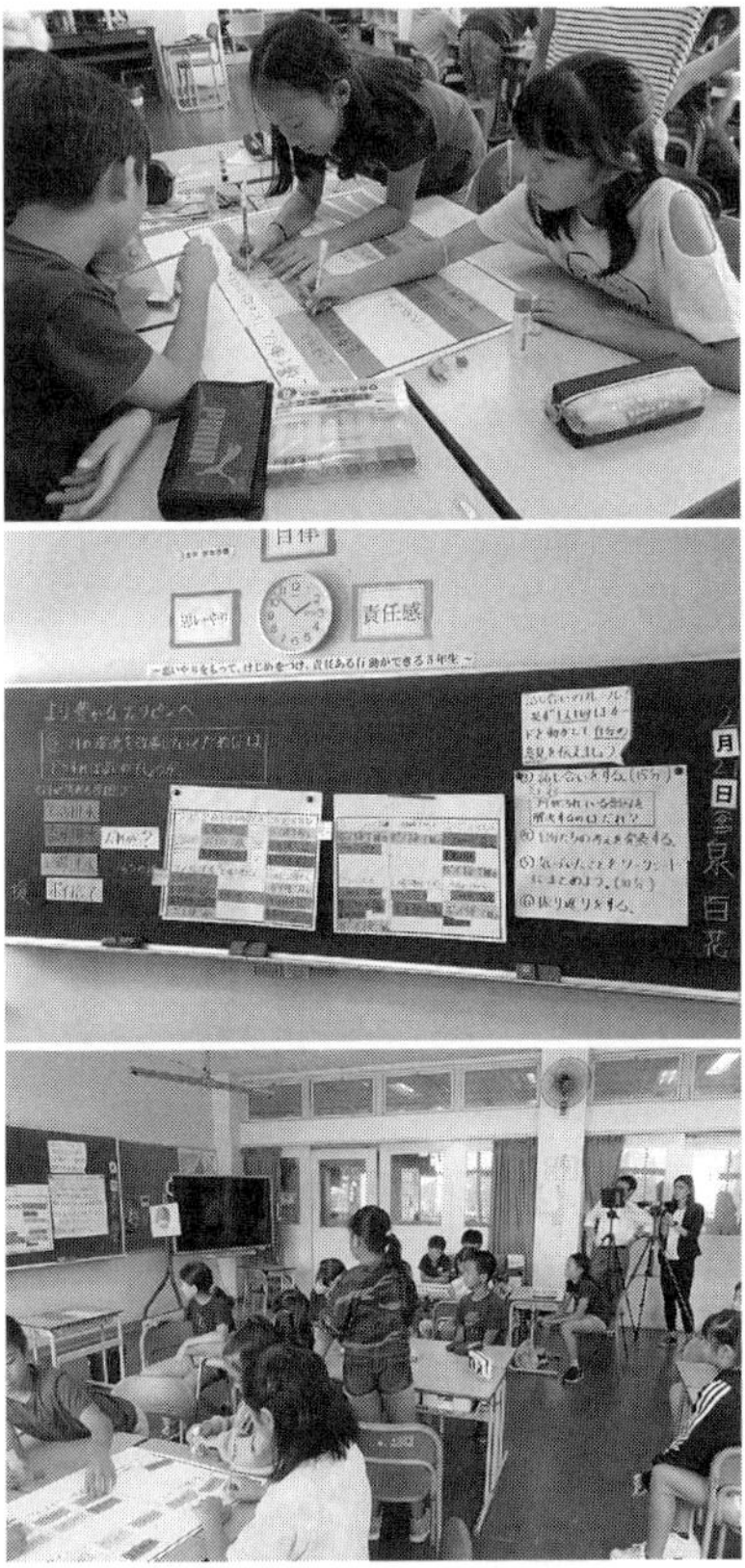

写真6-5　総合（マニラ5年）

ての学習を行っていたため、どの子どもも意欲的に活動に参加できました。驚いたことに、授業の最終場面でまとめの発表をしたのは、日本語学級で学んでいる子どもでした（写真６－５）。

先生は子どもの成長を心から喜ぶとともに、先生自身が自分の授業スタイルが変わったことに気づいたそうです。子どもの力をいかにして発揮させるか工夫をこらすことで、先生としての成長も促されたことがわかります。

キャリア教育や自尊感情にも目を向けた授業

大連日本人学校中学部では、総合的な学習の時間に「職業調べ・職場体験や中国と日本の働き方の比較をとおして、自己の生き方を考える」というテーマに取り組みました。在大連日本企業の協力を得て、当事者の講話を聴いたり、インタビューをしたりして、「自ら考え挑戦することの大切さ」「協調性の大切さ」を学びました。テーマの追求では、日本と中国の文化・価値観の違いを考える活動もあり、日本語支援が必要な生徒も含め、生徒たちは自分自身の生き方や将来を深く考えることができました。とりわけ国際結婚家庭の生徒たちに、日本と中国の両方のよさを理解していることに自信を深める様子がみられたといいます。ここでも「自分らしさ」を見いだすことができたようです。

七節　保護者の願い

日本人学校の子どもの保護者からよく聞く言葉があります。「日本の文化を学ばせてほしい」「帰国したときに困らないように学力をつけたい」などです。このことは日本人としてのアイデンティティをしっかり持って、将来活躍できる大人になるためには、とても大事なことです。ただ、その学び方については、考え直したい時期に来ています。二〇二〇年度、文部科学省の新学習指導要領が小学校で開始されました。これまでとは違い、資質・能力を育てる方針を明確にしました。「主体的・対話的で深い学び」のスタイルにも象徴されています。

これからはより一層、多様性を重視し多角的な視野から広く深く学ぶことが求められます。ですから、願いは変わらなくても学び方は変わるということを認識することが大切になります。日本人学校に長期滞在の家庭や国際結婚家庭の子どもが増えて一緒に学び合うことは、すべての子どもにとって強みになるでしょう。

また、日本語学級へ入級を希望する保護者からは、新たな希望も寄せられています。小学部だけでなく、中学部でも日本語学級を開設してほしいというものです。日本語学級での指導方法が変わって、教科の力がついてきたことを、子どもの姿から感じとったのでしょう。より長期的なスパンで、将来のキャリア形成も視野にした支援が、日本人学校にも求められているように思います。

いま、世界の情勢が刻一刻と変化する中だからこそ、多様な選択肢から自分の夢に向かっていけるように、みなが協働して可能性を開けるようチャレンジしていくことを願っています。

注

(1) ジム・カミンズ(中島和子訳)(二〇一〇)『言語マイノリティを支える教育』慶應義塾大学出版会、三五〜三八頁

コラム⑧

バイリンガル教育

バイリンガルであることは、グローバル社会での活躍が期待され羨望の眼差しでみられることがよくありますね。しかしバイリンガルに育つことはそう容易くはありません。成長過程にある子どもはなおさらで、海外長期滞在家庭や国際結婚家庭にあっても課題を抱えています。

カナダの研究者カミンズは、2言語の到達度から三つのタイプがあると伝えました。バランス・バイリンガル、ドミナント・バイリンガル、ダブル・リミテッド・バイリンガルです。バランス・バイリンガルは2言語ともプラス、ドミナント・バイリンガルはどちらか一つがプラス、ダブル・リミテッドは2言語とも年齢相応のレベルにない状態をあらわします。母語も第二言語も十分でないダブル・リミテッド状態のまま成長してしまうこともあり、認知発達が心配されます。

バイリンガル教育の方法にはさまざまありますが、カミンズの「2言語相互依存説」が有名です。母語と第二言語の関係には、みえない深層面において認知的な力を共有しているから、その力をうまく使おうというものです。たとえば、母語で考える力があるのならば、日本語の授業であっても、学習段階に応じて母語の力を使用し深く考えることができるようにします。落ち着いてから日本語に置き換えて考えを表現すれば、どちらの言語の成長も支えることができます。脳への刺激も多く、知的な発達にもプラスに働くといわれています。

参考：中島和子（2016）『バイリンガル教育の方法　完全改訂版』アルク

（近田由紀子）

第七章 現地コミュニティと協働する日本人学校

見世千賀子

一節 アスンシオン日本人学校の教育

パラグアイは、南米のほぼ中央にあり、ブラジル、ボリビア、アルゼンチンに囲まれた、海のない内陸の国です。この国の首都がアスンシオンで、この地に子どもの数が十数人の小さな日本人学校があります。アスンシオン日本人学校は、世界の日本人学校の中で、飛行機を二回乗り換えないと行けない数少ない学校であり、日本から到着するのにもっとも時間がかかる学校です。この地で、先生と職員約一〇人が、学校や現地社会での教育活動に日々奮闘しています。ここではアスンシオン日本人学校を中心に行っている現地での教育活動を紹介します。

ハチドリ・生活科発表会

アスンシオン日本人学校では、どんな子どもが育っているのでしょうか。小規模学校ならではの強みをいかした、グローバルに開かれた能力やスキルを持つ、子どもたちの姿がありました。アスンシオン日本人学校では、毎年二月に「ハチドリ・生活科発表会」を行っています。ここでは、総合的な学習の時間を「ハチドリタイム」と称して、主に現地理解活動を行っています。この発表会は、その年度の学習成果の総まとめ的なもので、一年間の子どもの成長ぶりがよくわかります。わたしは幸いにも二〇一九年度の発表会を参観する機会を得、そこで子どもたちが発表する姿に感嘆しました。

小学校一年生から中学校二年生まで、一一名の子どもの発表がありました。小学生は学年ごとに、中学生は一人ひとりが探求する課題を決めて、そのテーマをもとに発表します。まず、驚いたのは、一グループあるいは一人あたりの持ち時間が二〇分と長いこと、次に、発表内容が充実していて、報告の方法も実に多様でとても工夫がこらされていること、そして、質疑応答も公的な振る舞いでしっかり対応していることです。会場には、パラグアイ大使ご夫妻や保護者、日本語学校の先生など、多くの人が参観に訪れます。

そのようなとても緊張する中で、小学校一年生から順に報告がありました。今年の一年生は一人だけでしたが、堂々とした態度で発表を進めることができていました。パラグアイでおやつや食事の際によく食べられる、「チパ」という無発酵のパンについての発表でした。はじめは、パラグアイの民族衣装を着て、音楽にのり踊りながら、チパの売り子として一人で登場します。その後、お客さん役になった先生との掛け合いで、「チパって何？」「どうやってつくるの？」といった先生からの質問に答えるかたちで、子どもは調べたことや実際に自分が体験したことを発表します。背景では、パワーポイントのスライドも表示されます。本やインターネットで調べるだけでなく、実際に、チパをつくって売っているお店を訪問し、インタビューをしたり、つくり方を教えてもらったりしていました。さらに、教えてもらったつくり方で学校でもチパをつくってみた様子も紹介していました。メモをみることもなく約二〇分報告し、最後は、家でつくったチパを参加者全員にお土産として配ってくれました。報告が終わった後は、質疑応答の時間です。小学部の上級生や中学生、保護者など参加者が、報告者の一年生へ敬意を払いつつ、発表内容や方法について、つくり方がよくわかった、発表がわかりやすかったなどとコメントをしたり、質問をしたりして、一〇分ほど対応していました。

小学校五年生も一人で、パワーポイントを使い発表していました。将来、農家になりたいという子どもは、パラグアイの農業をテーマにまず基本的なことを文献・インターネットなどで調べています。その後、JICA事務所を訪問し、日本から派遣されている方にインタビューをして、国際協力について話を聞いたり、地方の移住地で農業を営んでいる日系人の方に手紙を書いて、なぜ農業を目指したのか、移住地についてどう思ったのか、どんな作物を栽培してきたのかといった農業の実際について質問をしたりしています。さらに、実際に学校で、自分ですいかを育て、観察した経過も報告しています。スライドに掲載されている成長途中のすいかは、大きさが他の人にもわかりやすいように、消しゴムなど身近な文具と並べて撮影していました。最後は、成長したものを学校で切って食べてみたことをまとめ、野菜を育てることの難しさや大変さ、面白さ、次につくってみたいものなどが報告されました。この他にも、パラグアイの鳥について調べて、特徴的な巣づくりの様子を粘り強く撮影し、動画にまとめたり、実際にその大きな巣を自分で作成してみたりといったものもあり、いずれの発表もとても興味深いものでした。

グローバル化に対応できる能力の育成

この発表会は、多様な視点から取り組まれた学習の過程や成果であり、まさに、これからの日本の学校に要請されている、子どもの主体的な学び、対話的な学び（自己との対話、担任の先生との対話、インタビュー対象者との対話など）、そして結果としての学びの深まりがみられるものです。すべてが最初から課題設定がしっかりとなされたものではないと思いますが、いずれも単なる調べ学習に終わらず、学習の過程で出てきた課題の解決に向けた探求的な学習となっています。興味関心のあることに、じっくり取り組める学習環境があると思います。また、発表の方法に工夫がなされ、メモもほとんどみずに堂々と発表する姿には、プレゼンテーション能力の高さがうかがえます。質疑応答の様子からは、学年の上下や兄弟姉妹関係なく、お互いを尊重する態度、年下の子どもへの配慮、人の話をしっかり聞こうとする姿勢、話を聞いて理解し質問する力が育てられていると思います。

　こうした資質や能力は、生活科や総合的な学習の時間をとおしてだけでなく、アスンシオン日本人学校の日頃の教育活動によって形成されています。週一回のスペイン語と英会話の時間は、現地の方にインタビューをするときだけでなく、現地校の子どもたちとの交流にも有機的に関連づけられ、コミュニケーション能力を高めることを目指しています。また、少人数であることはアットホームなよさもありますが、同時にともすれば、子どもたちは学習の時間も休み時間と同じような感覚で互いに接してしまうデメリットもあります。子ども同士のフォーマルな質疑応答は、クラスでの各教科学習の時間や全校集会などの学校行事でも意識的に指導されています。小規模校だからこそできる利点をいかし、子どもたちが先生方と十分に関わり、また、現地社会の人々の協力も得て、グローバル化に対応できる能力やスキルの基礎を確実に育てています。

二節　日本型教育・日本文化の発信・普及

現地社会との連携

　グローバル化に対応できる能力やスキルの育成は、先生による現地社会の方々との関わりや信頼関係の構築から得られる協力によって可能となるものです。また、その関わりをとおした先生方の取り組みによってはじめて実現されるものです。アスンシオン日本人学校の先生方は、現地の日系人社会や現地社会に教育をとおしてさまざまな貢献をしています。わたしたちのプロジェクトでも、その一環としてアスンシオン日本人学校を拠点として、日本型教育および日本文化の発信・普及に取り組んでいます。主にその対象となるのが、日系人のための日本語学校と、日本式教育を取り入れている現地の学校です。

日本語学校

先ほどの五年生の発表の話にも出てきましたが、パラグアイには多くの日系人の方が在住されており、農業を中心に現地の発展に大きく貢献しています。二〇一六年に移民開始八〇年を迎えましたが、戦後に移住した方も多く、まだ一世の方もいます。パラグアイには、六つの移住地があり、それぞれに、日系人の子どものための日本語学校があります。また、首都のアスンシオンの他、三つの都市にも、日系人の方が多く住んでおり、日本語学校が設立されていて、パラグアイには、全部で九つの日本語学校があります。これまでも日本人学校と日本語学校では、教員研修や教材の提供、双方の行事への参加などをとおして、断続的に交流が行われてきましたが、わたしたちのプロジェクトを機に、より連携を深めています。

アスンシオン日本語学校は、一九六七年に設立され、現在、幼稚園生から中学三年生まで約一四〇人が学んでいます。日系人の子どもに日本語や日本の文化を学ばせることを目的にしています。先生の数は、校長以下一二人で、多くは主婦の方です。授業は、平日の午後と土曜日に行われており、平日組と土曜日組に分かれています。パラグアイの現地校はほぼ二部制をとっていて、平日組は、午前中の授業を終えた後、午後に週三回、日本語学校に通ってきます。約七割が日系人世帯、約三割が国際結婚家庭ですが、二世・三世の世代では、家庭内でスペイン語を使うことが多くなっているため、日本語学校の先生方は、子どもたちの日本語能力が日々低下していると感じています。このような状況で、国語教育・日本語教育を行うには、子どもに興味関心を持たせたり、学習を継続させたりするための工夫が必要です。この学校では、『ひろこさんの楽しい日本語』や『にほんごジャンプ』などの日本語教材を使用したり、国語の教科書の一部やドリル教材を使用したりしています。主な年間行事には、スピーチコンテストや作文大会の他、年に一度ここで学んでいることを発表する大きな行事として、総合発表会を行っています。また、日本の文化を学ぶためのひな祭りや端午の節句、七夕などや日本人会全体で行う運動会、全日本語学校での絵画・書写コンクールなどが行われています。一世や二世の方々は、自分たちの子や孫に日本語や日本の文化を継承し、移住の歴史を知って移住地をつぎ、二世や三世なりの移住地づくりをしてほしいと願っています。そのために日本語学校の存在は重要なもので、そこで教える先生の力量を向上させることは必須の課題なのです。

日本式教育を取り入れた学校

パラグアイには、日本式の教育を取り入れている現地政府認可の私立学校がいくつかあります。このうち、「ニホンガッコウ」は、もと国費留学生として日本で学び、現在パラグアイの国会議員でもあるエルメリンダ・アルバレンガさんが、留学中に日本の教育に感銘を受け、帰国した後、夫とともに一九九三年に設立した学校です。幼稚園から高校までが二部制で、現在は、大学・大学院まであり、約二二〇〇人が通っています。在籍する子どもはほぼ全員がパラグアイ人です。整理、整頓、清掃、清潔、しつけという5Sを学校の重要な基本方針として、各教室や廊下など学校の至るところに日本語とスペイン語の説明が掲げられています。また、毎日の朝礼では日本の国歌も歌います。週に一時間、日本語の授業がありますが教えているのはパラグアイ人の先生です。

「日本パラグアイ学院」は、前駐日パラグアイ大使だった豊歳直之さんが、パラグアイ人にも日本の教育を受けさせたいと二〇〇一年に開校しました。幼稚園から高校まであり、パラグアイには珍しく全日制です。基本的に、スペイン語でパラグアイのカリキュラムに基づく教育を行っていますが、日本語の授業も小学部は週五日（一〇コマ）、中学部では週四日（五コマ）実施されています。この他に、そろばんや和太鼓などの日本文化の授業や日本への修学旅行もあり、日本の学校との交流も行っています。日本語教師は八名いますが、日系二世の方、日本人でパラグアイ在住の方、青年海外協力隊の方、パラグアイ人でこの学校の卒業生など、その背景は多様で、必ずしも日本語教育を専門的に学んだ方ばかりではなく、人材の確保と力量形成のための研修は重要な課題となっています。

合同教員研修会

日本人学校では、こうした日本語学校や日本式の教育を導入している学校の教員研修で、授業公開や出前授業を行ってきました。次にその内容を紹介します。

アスンシオン日本語学校では、先ほど述べたように、さまざまな教育活動を行っていることから、先生方には、国語・日本語の指導方法に始まり、書写、音楽、体育、図工などの指導方法についても学びたいとの希望があります。こうしたニーズに対して、日本人学校では、アスンシオン日本語学校と年二回程の合同研修会を行ってきました。一回目は、日本人学校の授業を参観してもらい、その後、研究協議を行います。これには、日本パラグアイ学院の日本語の先生も参加しています。二回目は、アスンシオン日本語学校に出向いて、授業を行います。

二〇一九年度、一回目の日本人学校での研修が「全パラグアイ日系人教育推進委員会」の日本語学校教員研修として開催され、授業公開と研究協議会が行われました。各移住地のみならず首都のアスンシオン日本語学校でも、ほとんどの先生にとって日本のいまの学校の様子、日本の教育をみる機会はありません。日系人の二世、三世の教育に関わる日本語学校の先生にとって、日本から派遣された先生による授業をみる機会は、とても貴重です。今年度は、日本語学校から「子どもが興味関心を持って取り組む手立て」を学びたいというリクエストがあり、それを意識した授業を、国語だけでなく、かねてより関心の高い音楽、体育、また理科や英語でも公開しました。日本語学校の子どもにも希望者には授業に参加をしてもらっています。ただ、日本語学校の子どもに合わせた授業ではなく、あくまで「日本人学校」の授業を体験してもらいます。二〇一九年度のＡＧ５プロジェクト報告書によると、日本語学校の子どもは平日組で、日本語のレベルの高いグループが参加しました。このため、日本語での授業の理解という点ではさほど問題もなかったそうです。また、日本人学校の水泳教室にも参加し、すでに日本人学校の子どもとも馴染んでいるため、むしろ人数が増えた分、普段より活気のある授業となったようです。日本人学校の先生からも「人数は多い方が授業の幅が広がる」「参加した子どもが意欲的に取り組んでくれた。非常にありがたかった」などと、肯定的な意見が多く聞かれたとのことです。日本人学校の子どもにとっても普段よりも多い人数、違うメンバーの中で学ぶことはよい経験になったと考えられます。

いずれの授業も、子ども自身が考えることに力点を置き、先生は、日本語をできるだけわかりやすく使い、子どもが自分たちで考えて行動できるようにした他、活動の最後には子どもによる発表を取り入れて、日本語での発言の機会を持てるよう計画しています。パラグアイの学校では、特に低学年ではスペイン語の文法指導に力を入れており、先生の言うとおりに正確に動詞や名詞などを繰り返すという指導が多くなりがちだそうです。そのため、子ども自身が「思考する」という機会が乏しいという意見もあるようです。そうした理由でしょうか、低学年では自分で考えることに慣れていないような子どもが自分の意見を活発に出せないといった場面もみられたようです。

体育でも、ただ体を動かすのではなく、「どうしたらうまくできるか」という戦略を「考える」「話し合う」という時間を設けて、子どもたちに日本語で話し合わせる活動を取り入れています。この授業は日本語学校の子どもたちに大好評で、終了の時間になっても「もっとやりたい」「終わってほしくない」といった声が聞かれるほどだったそうです。

参観した多くの方から、とにかく子どもが楽しそうに参加していたことに、驚きがありました。また、教科書を使って教えるだけではない授業のあり方、教科書以外にさまざまな教材の工夫ができること、教材の提示の仕方、多様な指導方法があること、子どもへの声かけの仕方などに多くの気づきや学びがあったことが、感想として寄せられています。日本語学校の校長先生からは、これから教育を担う次世代の先生に「今日の授業をみて教えることって楽しいことなのだと思ってほしい」という感想もありました。また、「教え方を変えて、子どものため、地元のためにがんばろうと思いました」という声もありました。

日本人学校の先生方の授業が、日本語学校や日本パラグアイ学院の先生はじめ多くの現地の教育に携わる方々に刺激や希望を与えています。

出前授業

出前授業は、日本語学校の子どもたちに対して、日本人学校の先生が授業を行います。二〇一九年度は、アスンシオン日本語学校で、三回にわたって、国語や書写（書道、硬筆）、墨絵の指導を行いました。たとえば、低学年の硬筆指導では、正しい姿勢、悪い姿勢、鉛筆の持ち方などを日本語がわからなくても理解できるよう、イラストで掲示したり、デモンストレーションしたりしています。飽きてしまわないように途中で手遊びゲームを取り入れるなど工夫した結果、どの子どももかなり集中して課題に取り組むことができていたようです。国語では、栄養素についての話から、ラミネートされたおかずや主食の写真を組み合わせて「今日の献立をつくる」という課題を班ごとにさせ、最後にどのような献立にしたかを、子どもが前に出て発表するという授業を行いました。教室には日本語の支援の必要な生徒が若干名いましたが、カラフルな食事の写真というわかりやすい教材が功を奏したのか、参観者が驚くほど静かに取り組むことができていたようです。また、発表では日本語があまり得意でない子どもが積極的に発表を行うといったうれしい光景もみられたそうです。さらに、今年度は、ラパス日本語学校で絵画指導を行い、イグアス日本語学校で先生に向けて墨絵の指導を行っています。パラグアイでは電車が発達しておらず、たとえば、イグアスからアスンシオンへはバスで約六時間かかります。地方の移住地の先生にとっては、インターネットが発達した時代とはいえ、直に指導してもらえることから得られる学びは大きいと考えます。アスンシオン日本人学校は、現地社会にとってもなくてはならない存在です。

三節　グローバルな時代に日系移民について学ぶ意味

副読本の作成

二〇二〇年度、日本人学校では、新たに社会科副読本『わたしたちのパラグアイ　第三版』を刊行しました。社会科副読本は、通常小学校三~四年生向けに作成されますが、これはより高学年向けの現地理解教育の資料としても使用できるように二部構成になっています。今回の改訂では、本冊子を日本語学校に通う子どもたちも使用できるように、日系人の移住の歴史を大単元の一つとして組み込んでいるところが大きな特徴です。これによって、日系人としてのアイデンティティ形成に資することが期待されています。

そのためこの副読本は、日本人学校の子どもだけではなく、日系人の子どもが読んでもわかりやすいよう、ひらがなの割合を多くしたり、ルビふりもより低学年向けにしたりするなどの工夫をしています。移住の歴史については、特に、平易でわかりやすい文章で書くよう、担当の先生が心を砕いて作業に当たりました。日本人学校の先生自身も、副読本の編集作業を通じて現地の方々との交流が進んだだけではなく、パラグアイやパラグアイの日系社会の歴史、文化、そして現地事情について多くの学びを得られています。

移民について学ぶ意味

この移住の歴史についての学習は、日本人学校の子どもにとっても重要な意味を持ちます。移民学習の専門家の森茂岳雄さん（AG5プロジェクトのメンバーの一人）は、グローバルな人の移動が増大する現代において、日系移民について学ぶことは、グローバルな移動とそれに伴う世界的な規模での相互依存関係と、一国内における多文化の共生を考える格好のテーマであると言っています。移住の学習をとおして、実は自らも移民といえるグローバルな人の移動の当事者である子どもたちにとって、自分たちがパラグアイに来た意味、パラグアイにいる意味、ここで学ぶべきことは何かを考えることにつながります。森茂さんは、将来日本に帰国したときにも、パラグアイで学んでいたことがあるということが自分の自信につながっていくような学びを、ぜひいましてもらいたいと言います。

日本人学校からの帰国生は、現地校やインターナショナル・スクールからの帰国生と自らを比べたり、他者から比べられたりして、あまり現地のことを知らない、現地に友だちもいない、さほど英語ができるわけでもないと、自信を失ったり、自己肯定感が低くなったりすることがあるといわれることがあります。でも、今回冒頭で紹介したハチドリ・生活科発表会や日本語学校、現地校との交流を行っているこの学校の子どもたちの姿にはこの心配は杞憂のものと思わされます。

今後、この副読本を使って、日本人学校と日本語学校の協働により柱となる学びが展開され、日本とパラグアイの架け橋となる人材が育成されることを期待します。

コラム⑨

日系社会

パラグアイには、六つの移住地があります。1936年に始まる戦前の移住地は、ラ・コルメナで、移住者は、数々の苦難を乗りこえて原生林を生産性の高い耕地に開拓しました。1953年、新たに、チャベス、ラパス、アマンバイ、ピラポ、イグアスへ、戦後の移住が始まります。各移住地に歴史や特色がありますが、トマト、メロン、ぶどうなどの野菜・果物栽培、大豆、小麦などの穀物栽培の農業で大きく発展し、現地国に貢献してきました。特に、日本人が始めた大豆の栽培は、パラグアイ人の農家にも広がり、現在では輸出高の4割を占めています。パラグアイにはいま約6500人の日系人がいます。アスンシオン市、シウダー・デル・エステ市、エンカルナシオン市にも日系人が多く在住し、商業、工業、金融業など、さまざまな分野で活躍しています。日系人は、その勤勉性や誠実さにより、現地社会で高い評価を得ています。各移住地と先の3都市には日本人会などがあり、1970年に全体を組織する日本人連合会が設立されています。移住地では、高齢者福祉と次世代の日本語教育が重要な課題となっており、各課題に対応する特別委員会も設置されています。各移住地には早くから日本語学校が設立され、一世の努力によって、南米の中でも高い日本語能力を維持してきました。しかし、世代が進むにつれて、家庭での日本語使用が少なくなっており、国語教育を行うことが難しくなっています。指導者の養成・研修や確保が重要な課題となっています。

（見世千賀子）

Ⅲ部　補習授業校で学ぶ子どもの教育

第八章

補習授業校で学ぶ子どもたちの教育

岡村郁子［一節］
渋谷真樹［二節］

一節　補習授業校で学ぶ子どもたちの現状～質問紙調査の結果から

第一章で述べられているように、いま、補習授業校は設立当時と大きく姿を変えています。何がどのように変化しているのか、補習授業校に通う子どもたちの姿をとらえるために、わたしたちはプロジェクト開始に先立ち、大規模な質問紙調査を行いました。この章では、北米の補習授業校に通う子どもを対象にした調査の結果を紹介します。

調査の概要

この調査は、二〇一七年九～一〇月に、アメリカの補習授業校に通う小学部五年生～高等部三年生の児童生徒五四一七人を対象に実施したものです。四九校に在籍する三八二六人のみなさんより回答をいただきました。回収率は七一％でした。

質問項目は、（1）あなた自身について、（2）家の人と地域との関わりについて、（3）日常生活について、（4）家庭学習について、（5）補習授業校について、（6）現地校についての六つの分野にわたる、計九七項目です。これらの調査のうちの六六項目は、国立教育政策研究所が日本国内で毎年実施している「全国学力・学習状況調査」の項目と同一のものとしました。

これにより、海外で学ぶ日本の子どもたちの多様化する背景や、学習・生活の状況、補習授業校に対する意識、また、帰国予定の子どもたちとアメリカに永住予定の子どもたちの間の差異も明らかになりました。さらに、日本国内の子どもとの比較により、補習授業校で学ぶ子どもたちの特徴を知ることもできます。

なお、この調査結果の詳細は『補習授業校児童生徒の学習状況調査等報告書』（海外子女教育振興財団、二〇一八）にまとめられており、「日本人学校・補習授業校応援サイト ＡＧ５」のホームページ上でもＷＥＢ公開されています。こちらのサイトもぜひ参照してください。

調査結果が示す補習授業校の子どもたちの姿

●補習授業校に通う子どもたちの「属性」の変化

この調査により明らかになったのは、以下の表8－1に示す子どもたちの「属性」です。この調査の対象となったアメリカの補習授業校に在籍する子どもの約半数が日本以外の国で生まれ、約半数が日本語より英語を得意としている、ということがわかります。「アメリカ以外に住んだことがない」と答えた人が六割以上おり、一時帰国を除いて「日本に住んだことがない」と答えた人が三五％程度いました。

帰国・永住予定の別については、「帰国予定」が半数近くでしたが、「アメリカに永住する予定」が全体の約二割で、三分の一は「わからない」と回答しました。本来は日本に帰国する子どもの教育を目的として設立された補習授業校ですが、現在のアメリカにおいては、半数以上が日本への帰国を前提としていません。こうした在籍者の多様化により、教育内容や方法に工夫を迫られている状況がみてとれるでしょう。

●補習授業校、楽しく通えていますか？

さて、子どもたちにとって補習授業校はどのようなところなのでしょうか。

「補習授業校に行くのが楽しみだ」という項目に対する回答をみると、子どもたちの約七割が、「そう思う」または「どちらかといえばそう思う」と回答しています。この割合は帰国予定の有無によっても異なっており、帰国予定者では約八割、永住者の約六割が、補習授業校を楽しみに思っていることがわかりました。また、八割の子どもたちが「友だちに会うのは楽しい」と回答し、「どちらかといえば楽しい」を合わせると九五％に上ります。週一回、日本人の友だちに会うことを楽しみに補習授業校に通っていることがわかります。「好きな授業がある」としたのが「どちらかといえばそう思う」を含めて七割をこえており、多くの場合、国語

表8-1　調査対象者の属性

性別	男　1,747（46.0%） 女　2,050（54.0%）
学年	小5年　934（24.6%） 小6年　840（22.1%） 中1年　666（17.5%） 中2年　551（14.5%） 中3年　393（10.3%） 高1年　205（5.4%） 高2年　168（4.4%） 高3年　42（1.1%）
生まれた国	日本　1,975（51.9%） 日本以外　1,829（48.1%）
アメリカ以外の居住経験	ある　1,469（38.8%） ない　2,317（61.2%）
日本の居住経験	ある　2,462（65.1%） ない　1,317（34.9%）
日本での居住期間	1年未満　303（12.2%） 1〜3年　304（12.3%） 3〜5年　315（12.7%） 5年以上　1,558（62.8%）
補習授業校に通い始めた時期	小1〜3年生　2,343（62.4%） 小4〜6年生　901（24.0%） 中1〜3年生　445（11.9%） 高校生から　63（1.7%）
一番得意な言語	日本語　2,070（55.4%） 英語　1,651（44.2%） それ以外　15（0.4%）
帰国・永住予定の別	日本へ帰国する予定 1,675（44.3%） アメリカに永住する予定 740（19.6%） わからない 1,364（36.1%）

と算数／数学しか教科がない補習授業校においては高い数字といえるのではないでしょうか。

「補習授業校の先生は、あなたのよいところを認めてくれていると思う」という質問では、いずれの性別・学年でも「そう思う」と回答したのが半数前後で、特に小学生女子では半数以上が「そう思う」と回答しました。「どちらかといえばそう思う」を加えると全学年で約九割が、補習授業校の先生が自分をよくみてくれていると感じていることがわかります。また、**「先生は、授業やテストでまちがえたところや理解していないところについて、分かるまで教えてくれる」**という質問には、男女とも学年があがるにつれて「そう思う」「どちらかといえばそう思う」と答えた割合が多く、特に高校生男子では九〇％近くに上りました。週一回の限られた時間で、きめ細やかな指導に当たる補習授業校の先生方の姿が浮かびあがります。

一方で約六割の子どもが、少しでも「補習授業校をやめたいと思ったことがある」と回答しました。その理由として一番多いのが「宿題がたくさんあるから」、二番目に多かったのが「土曜日に他のことがしたいから」、三番目は「土曜日に遊べないから」でした。多くの宿題を抱えて週末に補習授業校へ通うことの大変さがうかがわれる結果です。これについては第九章五節で紹介するように、新しい宿題のスタイルの工夫など、解決に向けての取り組みが行われています。

●自己肯定感が高く、チャレンジ精神に富む子どもたち

質問紙の中の「**あなた自身について**」とされる項目に対する回答を、表８－２にまとめました。回答者の思考やライフスタイルを反映する項目です。いくつかの項目で、帰国予定の子どもと永住予定の子どもの間で有意な差異がみられるので、その結果も合わせて、特徴的な結果をご紹介しましょう。

「**自分にはよいところがあると思う**」という問いについては、全体で五八％が「そう思う」と答えました。「どちらかといえばそう思う（三二％）」を合わせると実に九割の子どもたちが、自分たちのよいところを認識しています。クロス分析で内訳をみると、帰国・永住予定の別で差がみられ、「そう思う」と回答したのは、帰国予定者で五三％であったのに対し、永住予定者では六八％に上りました。

また、「**自分のことを大切な存在だと感じている**」という問いには全体で四七％の子どもたちが「そう思う」と答え、「どちらかといえばそう思う（三七％）」と合わせると、約八五％が自分のことを大切な存在と感じていることがわかりました。こちらについても、帰国予定者で四一％、永住予定者では五六％が「そう思う」と回答し、その割合には大きな差異がみられました。これらの結果から、永住予定の子どもたちの方が帰国予定者に比べて、総じて「自己肯定感」が高いといえるでしょう。

「**難しいことでも、失敗を恐れないで挑戦している**」という項目に対しては、二八％が「そう思う」、四六・八％が「どちらかといえばそう思う」と回答しました。この項目でも、「そう

		全体		帰国予定／永住予定		
		回答数	%	日本へ帰国する予定	アメリカにずっと住む予定	わからない
		3,826	100%	1,675	740	1,364
Q8. 友達との約束を守っている。	当てはまる	2,811	73.9%	72.4%	78.4%	72.4%
	どちらかといえば、当てはまる	925	24.3%	25.4%	20.0%	25.4%
	どちらかといえば、当てはまらない	51	1.3%	1.6%	0.9%	1.2%
	当てはまらない	18	0.5%	0.4%	0.4%	0.7%
Q9. 人が困っているときは、進んで助けている。	当てはまる	1,731	45.5%	42.9%	51.1%	45.2%
	どちらかといえば、当てはまる	1,757	46.2%	47.9%	40.5%	46.7%
	どちらかといえば、当てはまらない	286	7.5%	8.2%	6.9%	7.1%
	当てはまらない	33	0.9%	0.7%	1.4%	0.7%
Q10. いじめは、どんな理由があってもいけないことだと思う。	当てはまる	3,135	82.4%	82.6%	81.4%	82.0%
	どちらかといえば、当てはまる	547	14.4%	14.0%	15.7%	13.9%
	どちらかといえば、当てはまらない	91	2.4%	2.0%	2.0%	3.0%
	当てはまらない	31	0.8%	0.8%	0.8%	0.9%
Q11. 人の役に立つ人間になりたいと思う。	当てはまる	2,750	72.2%	70.4%	72.8%	73.6%
	どちらかといえば、当てはまる	888	23.3%	24.7%	22.7%	22.1%
	どちらかといえば、当てはまらない	135	3.5%	4.0%	2.7%	3.3%
	当てはまらない	35	0.9%	0.8%	1.4%	0.9%
Q12. 人の気持ちがわかる人間になりたいと思う。	当てはまる	2,847	74.8%	75.8%	73.6%	73.8%
	どちらかといえば、当てはまる	810	21.3%	20.9%	21.8%	21.3%
	どちらかといえば、当てはまらない	115	3.0%	2.4%	3.1%	3.7%
	当てはまらない	33	0.9%	0.7%	0.9%	1.0%
Q13. 自分のことを大切な存在だと感じている。	当てはまる	1,785	47.0%	40.8%	56.2%	48.8%
	どちらかといえば、当てはまる	1,398	36.8%	40.3%	31.1%	35.3%
	どちらかといえば、当てはまらない	470	12.4%	13.9%	9.6%	11.9%
	当てはまらない	143	3.8%	4.5%	2.3%	3.6%
Q14. 将来、社会や人のために役立つ仕事がしたいと思う。	当てはまる	2,221	58.6%	59.8%	57.0%	56.4%
	どちらかといえば、当てはまる	1,196	31.5%	30.3%	32.3%	32.5%
	どちらかといえば、当てはまらない	308	8.1%	7.4%	8.0%	8.9%
	当てはまらない	66	1.7%	1.7%	1.8%	1.8%

表8-2 「あなた自身について」の項目に対する回答結果

		全体		帰国予定／永住予定		
		回答数	%	日本へ帰国する予定	アメリカにずっと住む予定	わからない
		3,826	100%	1,675	740	1,364
Q1. 物事を最後までやり遂げて、うれしかったことがある。	当てはまる	2,713	71.3%	73.9%	68.2%	69.1%
	どちらかといえば、当てはまる	922	24.2%	22.3%	25.9%	25.5%
	どちらかといえば、当てはまらない	136	3.6%	2.8%	4.5%	4.0%
	当てはまらない	34	0.9%	0.8%	1.1%	0.8%
Q2. 難しいことでも、失敗を恐れないで挑戦している。	当てはまる	1,075	28.3%	24.4%	33.5%	29.6%
	どちらかといえば、当てはまる	1,781	46.8%	48.4%	45.0%	45.7%
	どちらかといえば、当てはまらない	801	21.1%	23.4%	17.6%	19.9%
	当てはまらない	148	3.9%	3.6%	3.5%	4.4%
Q3. 自分にはよいところがあると思う。	当てはまる	2,222	58.5%	52.7%	68.4%	59.2%
	どちらかといえば、当てはまる	1,203	31.6%	34.7%	24.9%	31.7%
	どちらかといえば、当てはまらない	270	7.1%	8.7%	4.6%	6.3%
	当てはまらない	106	2.8%	3.7%	1.6%	2.3%
Q4. 友達の前で自分の考えや意見を発表することは得意だ。	当てはまる	1,377	36.2%	33.9%	40.9%	36.1%
	どちらかといえば、当てはまる	1,296	34.1%	32.1%	34.3%	35.9%
	どちらかといえば、当てはまらない	798	21.0%	23.6%	18.5%	19.1%
	当てはまらない	329	8.7%	9.9%	5.9%	8.5%
Q5. 友達と話し合う時、友達の話や意見を最後まで聞くことができる。	当てはまる	2,416	63.5%	60.4%	66.4%	65.0%
	どちらかといえば、当てはまる	1,155	30.4%	32.7%	27.2%	29.3%
	どちらかといえば、当てはまらない	201	5.3%	5.6%	5.4%	4.8%
	当てはまらない	32	0.8%	0.8%	0.8%	0.8%
Q6. 将来の夢や目標を持っている。	当てはまる	1,883	49.5%	48.5%	52.3%	48.2%
	どちらかといえば、当てはまる	997	26.2%	27.1%	26.5%	24.9%
	どちらかといえば、当てはまらない	618	16.2%	15.5%	14.2%	18.4%
	当てはまらない	307	8.1%	8.5%	6.8%	8.3%
Q7. 学校のきまりを守っている。	当てはまる	2,388	62.7%	62.7%	62.7%	62.6%
	どちらかといえば、当てはまる	1,200	31.5%	31.9%	31.2%	30.6%
	どちらかといえば、当てはまらない	185	4.9%	4.4%	4.2%	5.8%
	当てはまらない	37	1.0%	0.9%	1.8%	0.7%

表8-3 「将来日本で仕事がしたい／日本以外の国で仕事がしたい」の回答結果

		全体		帰国予定／永住予定		
		回答数	%	日本へ帰国する予定	アメリカにずっと住む予定	わからない
		3,826	100%	1,675	740	1,364
Q15. 将来、日本で仕事がしたい。	当てはまる	1,234	32.6%	55.6%	6.1%	18.0%
	どちらかといえば、当てはまる	1,114	29.4%	28.3%	17.3%	37.0%
	どちらかといえば、当てはまらない	977	25.8%	11.2%	43.1%	33.6%
	当てはまらない	465	12.3%	4.5%	32.7%	10.4%
Q16. 将来、日本以外の国で仕事がしたい。	当てはまる	1,027	27.1%	16.4%	49.7%	27.1%
	どちらかといえば、当てはまる	1,386	36.5%	28.5%	35.8%	46.1%
	どちらかといえば、当てはまらない	807	21.3%	27.9%	9.7%	19.4%
	当てはまらない	576	15.2%	26.9%	4.2%	6.8%

思う」と答えた帰国予定者が二四％であったのに対して永住予定者では三四％に上り、帰国予定者より永住予定者の方が、チャレンジ精神が高い傾向がみられます。

●将来どこで仕事をしたい？

将来の仕事に関する質問項目のうち、**「将来、日本で仕事がしたい」**の問いに、「当てはまる」と答えたのは三三％、「どちらかといえば当てはまる」が二九％で、合わせて六割をこえました。逆に、**「将来、日本以外の国で仕事がしたい」**についても、「当てはまる」が二七％、「どちらかといえば当てはまる」が三七％で、こちらも六割をこえています。

これらの結果についても、帰国予定か永住予定かによって表8－3に示すような差異がみられました。「日本で仕事がしたい」に「そう思う」と答えたのは帰国予定者五六％に対して永住予定者では六％にすぎません。逆に「日本以外で仕事がしたい」では帰国予定者一六％ですが、永住予定者では五〇％に上りました。これは当然の結果であるといえるでしょう。

一方で、逆の数字にも着目が必要です。永住予定の子どもであっても、将来日本で仕事をすることを考えていると答えたのが、「当てはまる」・「どちらかといえば当てはまる」の合計で、二五％近くに上るのです。また、帰国予定の子どもたちでも、将来日本以外の国で仕事をしたいと答えた人が半数近くみられました。補習授業校で学ぶことの目的には、帰国・永住にかかわらず、「将来日本で仕事をする」ことも含まれていることが推測でき、将来の「グローバル人材の育成」に補習授業校が大きな役割を果たすと考えられるのです。

補習授業校の子どもたちの特徴――日本国内の調査結果との比較

ここからは、日本国内の子どもを対象として毎年実施されている「全国学力・学習状況調査」と同じ質問項目について、補習授業校の子どもたちの回答結果を比較してみます。国内調査が小学六年生（児童）と中学三年生（生徒）を対象としているため、補習授業校調査でも同じ学年を取り上げて、各選択肢の回答者の割合を比較し、グラフにあらわしました。回答人数は国内では各学年とも一〇〇万人余りであるのに対し、補習授業校では小学六年生八四〇名、中学三年生三九三名ですので、有意差の検定はできませんが、国内外の子どもたちのおよその傾向を知ることができます。

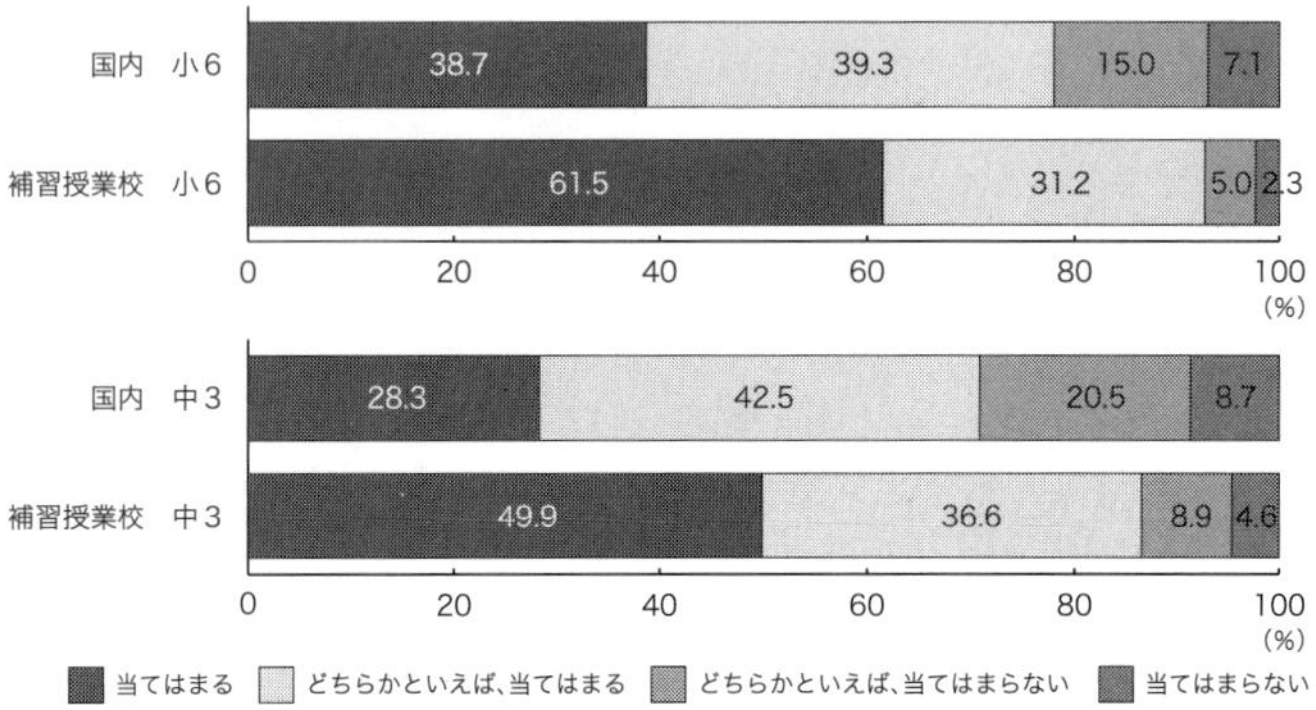

図8-1　「自分にはよいところがあると思う」の回答結果

●補習授業校の子どもたちの特徴は？

まず、前項でも取り上げた『あなた自身について』の項目についてみてみましょう。

「自分にはよいところがあると思う」という質問項目に、「当てはまる」と回答した人は、国内小六では三九％・中三では二八％であったのに対し、補習授業校ではそれぞれ六二％・五〇％に上り、国内を大きく上回りました。「どちらかといえば当てはまる」まで合計すると、補習授業校ではそれぞれ九三％・八七％と圧倒的に高く、補習授業校の子どもは自分のよいところを自覚し、自己肯定感が極めて高いことがうかがわれる結果です。

なお、前項でみたとおり、この質問に対する補習授業校の子どもたちの回答結果は、帰国予定者より永住予定者の方がより高い数字を示していました。日本国内と補習授業校の比較の結果は、おのずと帰国予定者と永住予定者の結果と相関してくることが考えられま

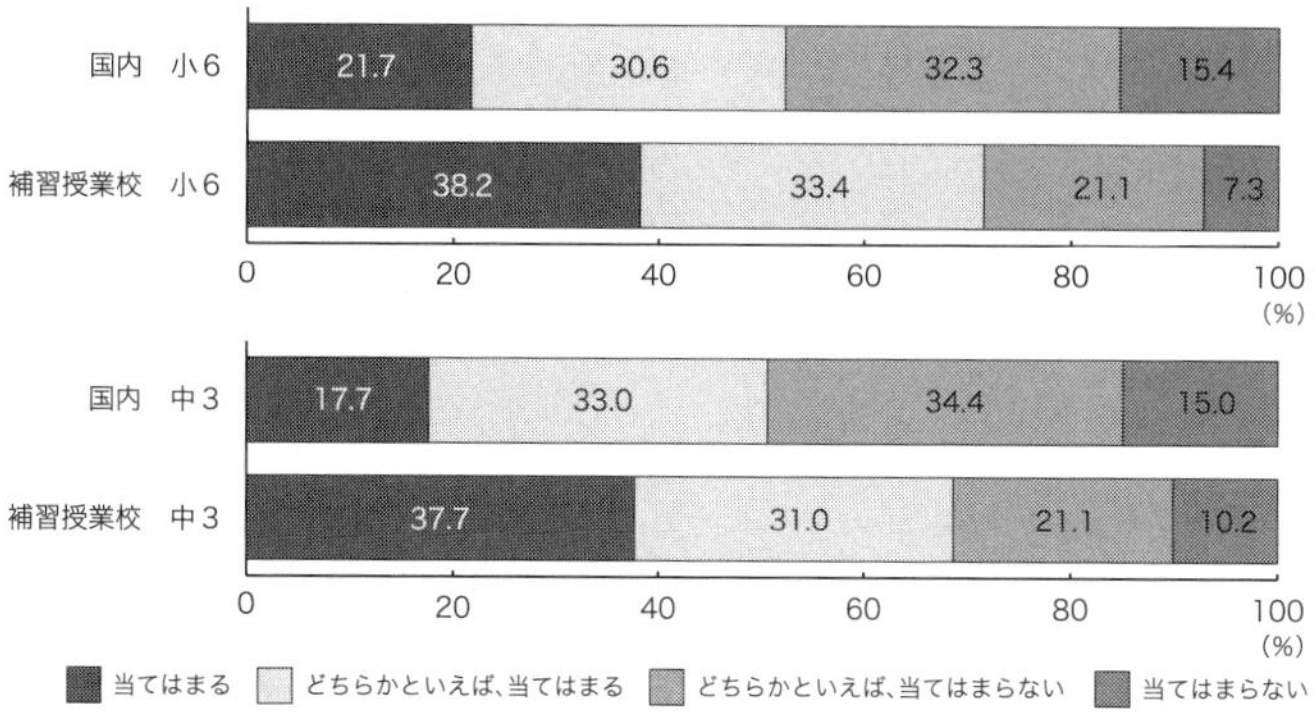

図8-2　「友達の前で自分の考えや意見を発表するのは得意だ」の回答結果

す。

「友達の前で自分の考えや意見を発表するのは得意だ」という項目に、「当てはまる」と回答したのは、国内小六で二二%・中三では一八%でしたが、補習授業校ではそれぞれ三一%・三三%でした。「どちらかといえば当てはまる」までを合わせてみると補習授業校では小・中学生ともに約七割と国内の五割を大きく上回ります。現地校の教育スタイルの影響で自分の考えや意見を発表することが得意になっていることが推測されます。

「人が困っている時は、進んで助けている」という質問については、「当てはまる」と答えた日本の小学生三九%・中学生三七%に対し、補習授業校ではそれぞれ四五%・四一%で、特に小学生において補習授業校が上回っていました。

これと関連した項目に、**「地域社会などでボランティア活動に参加したことがありますか?」**という質

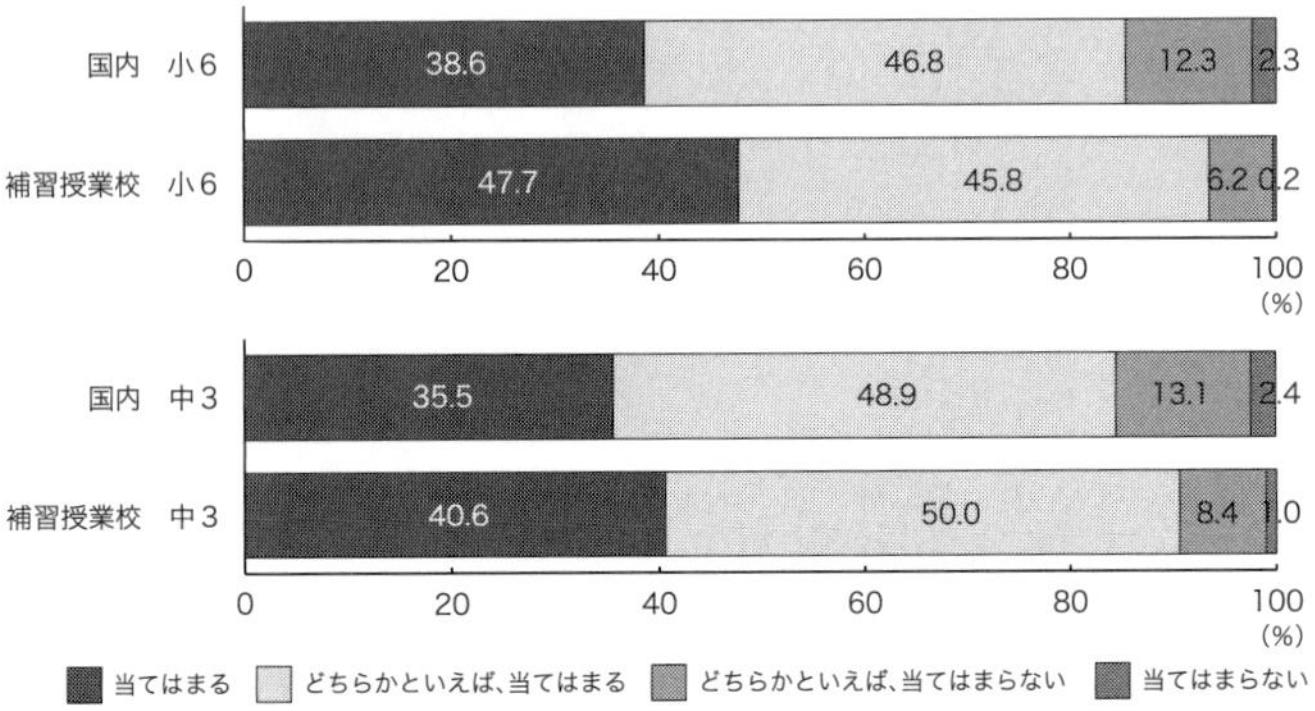

図8-3 「人が困っている時は、進んで助けている」の回答結果

問がありますが、中学生の回答のみで差異がみられました。「参加したことがある」と回答したのは補習授業校で七割近くに上りますが、日本国内では五〇％に至っていません。国内では「わからない」とした者も三割近くおり、アメリカでは中学生時代から積極的にボランティア活動に参加するのに対し、日本ではボランティア活動そのものに馴染みが薄いことがうかがわれます。先の「人が困っている時は、進んで助けている」という意識にもつながることかもしれません。

●学習環境の違い

さて、補習授業校の子どもたちが置かれている学習環境はどのようなものでしょうか。

「あなたは普段、一日当たりどれくらいの時間、日本語のテレビやDVD、動画サイトなどを見たり、聞いたりしますか？」

日本国内と補習授業校でもっとも大きな差がみられ

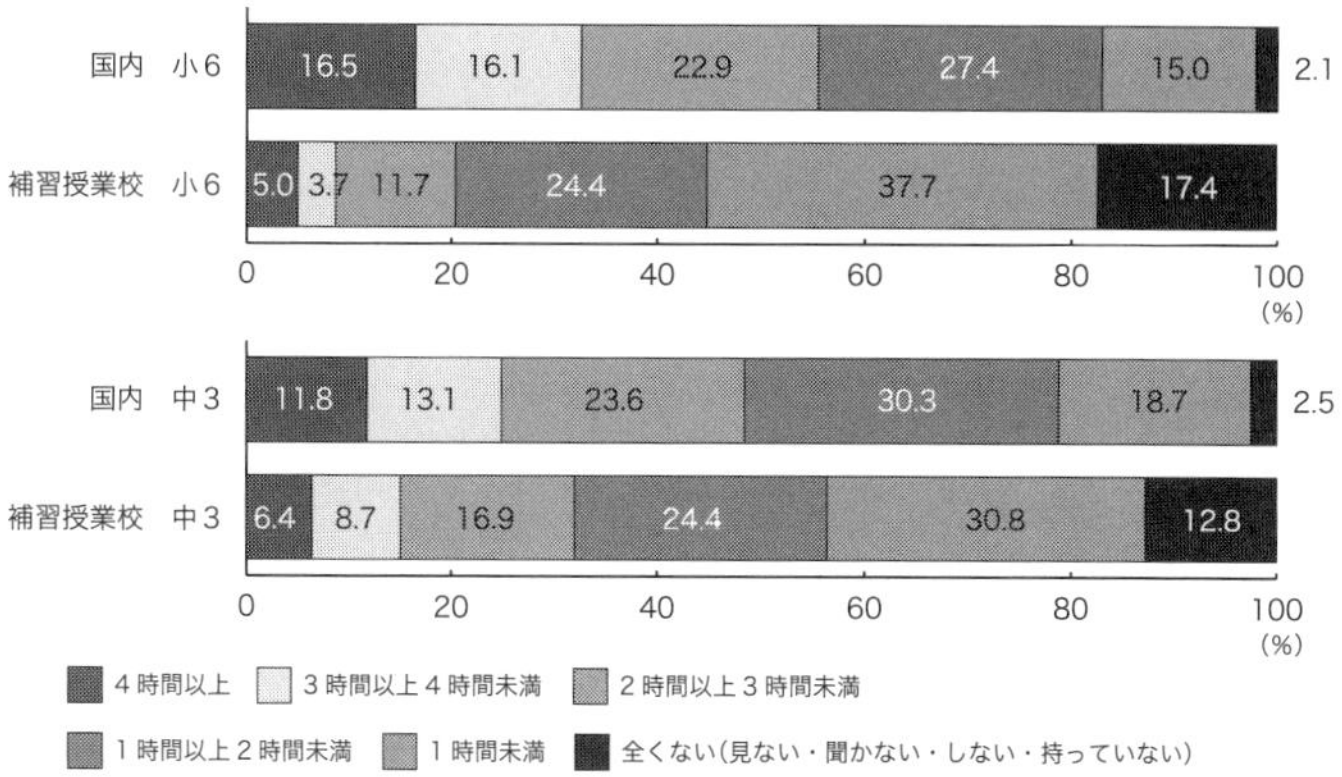

図8-4　「あなたは普段、一日当たりどれくらいの時間、日本語のテレビやDVD、動画サイトなどを見たり、聞いたりしますか？」の回答結果

た質問項目の一つが、テレビやＤＶＤ、動画サイト視聴に関するものでした。国内の小学六年生では、「四時間以上」と答えた人が一七％おり、かなりの時間をテレビやＤＶＤ、動画サイトの視聴に費やしていることがわかります。現在ではネット環境が整いこうしたサイトの視聴はアメリカにおいても可能ですが、補習授業校の小六では「四時間以上」と答えたのは五％にすぎませんでした。また、国内の小六では「一時間未満」とした者は二割に満たない数字ですが、補習授業校では約六五％が一時間未満の視聴であると答えました。

　中学校においては補習授業校でも少し時間が増える傾向にはあるものの、日本国内との比較では、やはり補習授業校の中三生の方が視聴時間は短い傾向にあります。なお、補習授業校では小学校・中学校を通じて「まったく見ない」

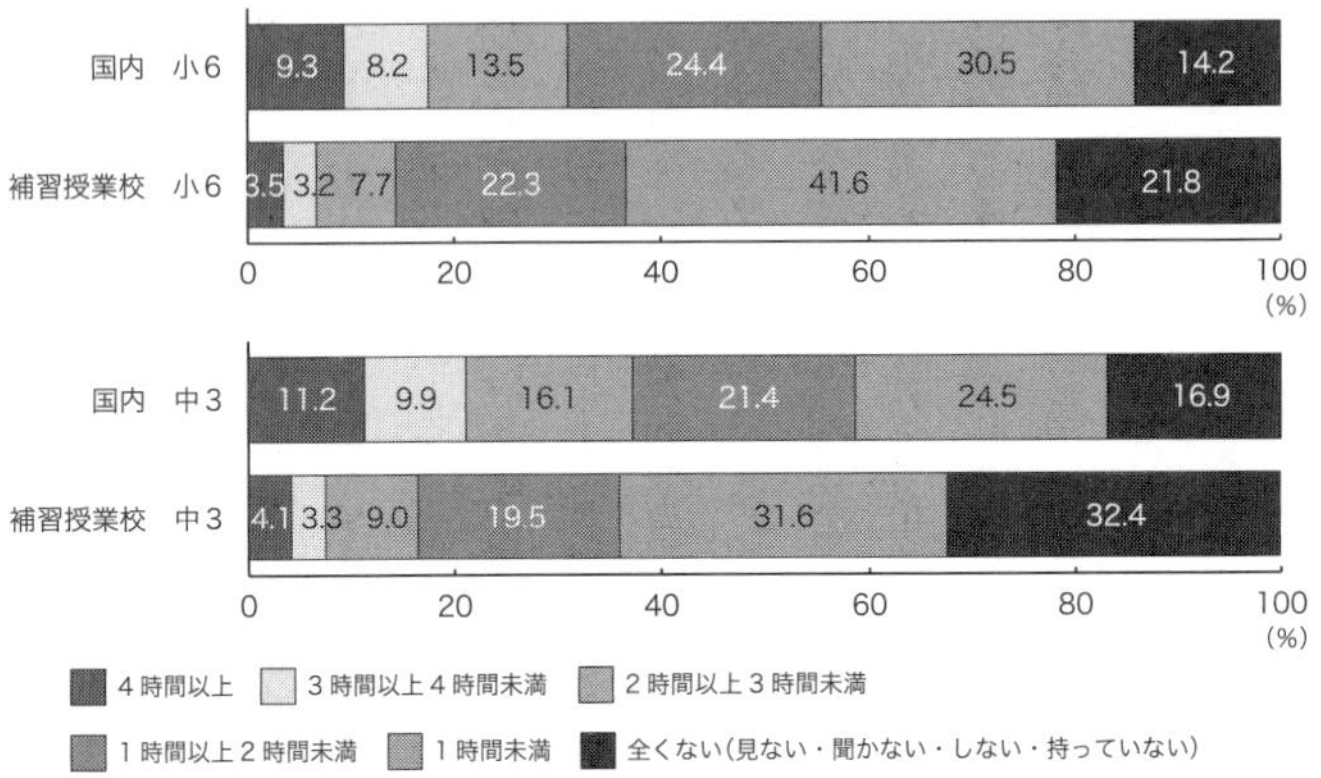

図8-5 「あなたは普段、一日当たりどれくらいの時間、テレビゲームをしますか？（コンピューターゲーム、携帯式のゲーム、携帯電話やスマートフォンを使ったゲームも含みます)」の回答結果

とした者も一五％程度みられますが、これには英語が第一言語でまったく日本のコンテンツを利用しない者が含まれると考えられます。

「あなたは普段、一日当たりどれくらいの時間、テレビゲームをしますか？（コンピューターゲーム、携帯式のゲーム、携帯電話やスマートフォンを使ったゲームも含みます)」

全体でみると、「一時間未満」とした者が日本国内の小六では四五％、補習授業校では六五％程度で、中学校でもほぼ似たような数字です。また、補習授業校では、小学校では二割以上・中学校では三割以上が「全くしない（見ない・聞かない・しない・持っていない)」と回答しており、その割合は国内の子どもの約二倍に上ります。日本がゲーム大国であり、子どもたちがゲームに依存しすぎている傾向がある一方で、アメリカでは現在のところ、そこまで長い時間をゲームに費やしていないことがわかります。

日本語、英語ともに、受験勉強や補習のための塾に通ったり、家庭教師についたりしているかどうかを尋ねた「塾に通っていますか／家庭教師についていますか」という質問では、補習授業校の子どもはいずれの項目でも九五％程度が、「通っていない／ついていない」と答えました。近年、アメリカの大都市部には日本の大手学習塾が進出していますが、まだ一部の地域にすぎません。また、平日に塾に通っている子どもは補習授業校に通っていない可能性が高いため、このような結果になったことが推測されます。一方、日本国内の調査結果では、小学校で約半数、中学校で約六割が何らかの塾に通っていますので、この結果には大きな違いがあります。

またここで注目したいのは、補習授業校の子どもたちの九割以上が、塾に頼らず、週一回の補習授業校のみで日本語を勉強しているという点です。日本語力の維持向上にとって、補習授業校の果たす役割は非常に大きく、カリキュラムの充実や教え方の工夫、補習授業校の先生方への支援策を早急に講じる必要があるといえるでしょう。

●将来働く舞台はどこか？

「将来外国へ留学したり、国際的な仕事に就いたりしてみたい」の問いに対して、「当てはまる」と回答したのは、日本では小学生一六％・中学生一七％と、さほど大きな割合ではないも

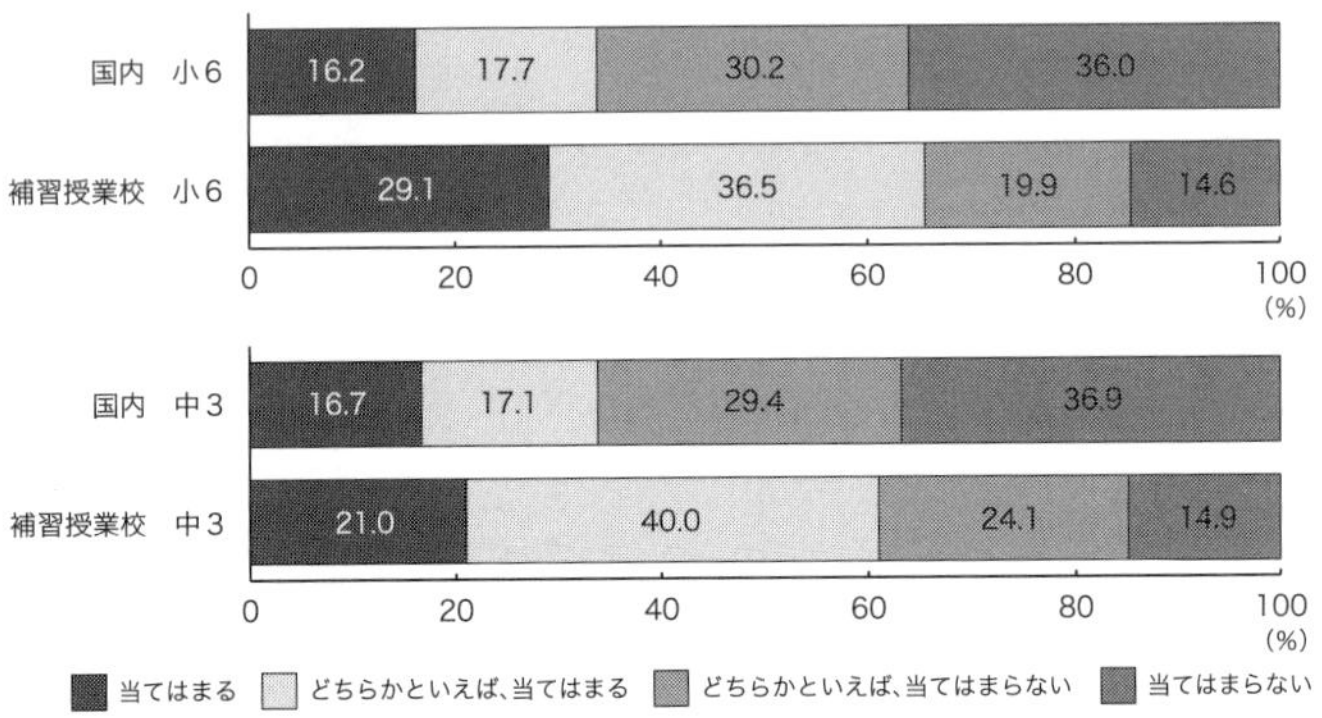

図8-6　「将来、日本以外の国で仕事がしたい」の回答結果

のの、国内でも二割近い子どもが、海外を視野に将来の舞台を考えていることは注目に値するでしょう。また、補習授業校の小学生では二七%が「当てはまる」と答え、「どちらかといえば当てはまる」の三六%と合わせて約六三%が将来のキャリアを日本以外で考えていることがわかりました。中学生でもほぼ同様の結果となっています。

以上、質問紙調査の結果から読み取れる、アメリカの補習授業校に通う子どもたちの姿をご紹介しました。日本へ帰国することを前提とせず、日本を含む世界を舞台に羽ばたく将来に向けて、補習授業校で日本語の勉強を続けている子どもたちがたくさんいることが、おわかりいただけたのではないでしょうか。

今回の調査では対象にできなかったアジアやヨーロッパの国々の補習授業校では、またこれとは異なる結果が得られる可能性があります。AG5の補習授業校チームでは、現在はアメリカを主な対象としていますが、多くのヨーロッパやアジアの先生方も、研究協力校として手を挙げてくださっています。今後はアメリカ以外の国・地域の補習授業校についても調査を進め、学校や子どもたちのニーズに合った支援を行っていきたいと考えています。

二節　「日本に準じた学校」から「グローバル時代のフロンティア」へ

校長先生に聞いてみよう！

いま、補習授業校では何が起きているのか、そこにはどのような課題があるのかを知るために、わたしたちは、二〇一七年に一九の補習授業校の校長先生に、五七項目のアンケート、または、聴き取り調査を行いました。一九校中、北米の補習授業校が一六校、ヨーロッパが二校、アジアが一校です。

補習授業校では、原則として小中学部の子どもの数が一〇〇名以上の場合、文部科学省から校長先生が派遣されます。今回調査にご協力いただいた一九校のうち一四校には、こうした派遣の校長先生がいますので、比較的大規模な学校を対象にしたといえます。もっとも大きな補習授業校では、一二〇〇名をこえる小中学生が学んでいました。一九校中一五校では幼稚部を、一四校では高等部を併設していました。

お忙しい学校業務の中、先生方はみな、とても丁寧に答えてくださいました。そこからみえてきたことを、ここでは紹介します。

補習授業校内の多様性、補習授業校間の多様性

まず、今回の調査では、補習授業校には、駐在家庭、永住家庭、国際結婚家庭など、多様な家庭が集まっていることが再確認できました。

また、九五%が帰国予定で、両親とも日本人の家庭である補習授業校がある一方で、八五%が国際結婚や現地での企業などの永住家庭の補習授業校もあり、補習授業校間にも多様性があることがわかりました。「補習授業校は…」と、一概にいえない現実があるのです。

今回調査にご協力いただいた補習授業校は、最近開校した一校を除いて、創設当時の設置目的は、「帰国後に適応できる日本語力」を身につけさせることでした。しかし、永住家庭が半数をこえている複数の補習授業校では、日本への帰国にこだわらず、日本の教科書から自由な教育を行ってもいいのではないか、という意見も挙がっているそうです。

そのため、設置目的を見直し、学年相当の国語を学ぶというよりは、外国語として日本語を学ぶ、日本語部や国際部を設置したという補習授業校もありました。それがうまくいっている補習授業校もあるのですが、差別意識が生まれてしまったり、親が見栄でクラスを選んでしまったりといった問題が生じた事例も複数聞かれました。

そのような中で、多様な家庭が集まるからこそ、学校のコアを固める意味で、帰国後に日本

の学校に順応できるように、という原点をあえて明言しているという補習授業校もありました。

「日本に準じた学校」の息苦しさ

校長先生への調査からは、このような多様性への対応をはじめとして、補習授業校がいろいろな課題を抱えていることがみえてきました。そもそも、週にたった一日の補習授業校で、日本の子どもが毎日通ってこなしている学習内容のすべてをこなそうとすることに無理がありますす。しかも、日本で育つ子どもたちは、家庭でも地域でもメディアでも日本語に囲まれているのに対して、海外で育つ子どもたちが日本語に触れる機会は、とても限られているのです。

そのため、日本の学校に合わせようとすればするほど、補習授業校は息苦しくなっているようでした。授業時間が限られている上に、日本語力が十分でない子どもがいるため、補習授業校で日本の教科書にそった一斉授業を行うことは至難の業です。宿題に追われたり、行き渋る子どもを説得したりで、補習授業校のある日の前日が修羅場になってしまっている家庭が、あちこちにあるとのことでした。

そもそも、補習授業校に求めるものも多様になっています。日本の学校でやっていける教科の力をつけたいと思っている家庭の子どもと、日本の友だちと日本語で楽しく話す機会がほしいと思っている家庭の子どもとが、一つの教室で学べるでしょうか。先生は、どこに焦点をあてればよいのでしょうか。

さらに、海外では、先生をみつけることもままなりません。週に一回の授業をしてもらうために日本から先生を招くことは難しく、かといって、すでに現地で生活している人の中から、日本の教員免許や教師経験を持つ人を探すことも困難です。多くの校長先生が、制約の中でいかにすぐれた先生をみつけるか、どのように先生方の研修をするかに悩んでいました。

補習授業校のよさ

このような困難にもかかわらず、多くの校長先生は、やはり補習授業校は必要だ、塾や家庭教師ではなくて、補習授業校だからこそいいのだと力説していました。補習授業校ならではの特質としてまず挙がったのは、同じ環境の子ども同士の学び合いや友情です。補習授業校では、海外に暮らしながら日本につながっているという共通性を核に、ともに日本語を学ぶ経験をとおして、貴重なつながりが生まれているようでした。

そうしたよさがあるからでしょう。補習授業校では、日本の学校以上に、保護者が積極的に学校の行事や運営に関与していました。また、補習授業校ならではの取り組みとして、現地校と子ども同士の交流を図ったり、校長先生自らが現地校を視察したりしているという話も聞かれました。

子どもや家庭の個々のニーズや特質に合わせたサービスを求めるのならば、塾や家庭教師で個別に学んだ方がよいのかもしれません。しかし、わざわざ時間や労力を割いて補習授業校に通っているのは、多様な子どもたちが集まって、日本の言葉や文化をともに学んでいるからなのでしょう。

「日本に準じた学校」から「グローバル時代のフロンティア」へ

校長先生からのこうした回答を踏まえて、わたしたちは、補習授業校が日本の学校を後追いする「日本に準じた学校」を目指すのではなく、海外で学ぶからこその「グローバル時代のフロンティア」になることを提案したいと思います。たとえば、現地の日本人会などが地域の人々に向けて行う行事への参加は、子どもが日本をグローバルに発信する方法を考える、よい機会だと思います。

画一的な一斉授業では、たくさんの子どもたちがこぼれ落ちてしまいます。先生のチョーク（板書）とトークを中心に、子どもが受け身になるような授業は、いまは日本でも否定されています。

かといって、日本語力や学習目的の違いによって子どもを細分化し、個別に対応していくのでは、これまで補習授業校が生み出してきた貴重なコミュニティやアイデンティティを受け継ぐことができません。

日本を離れているからこそ日本を相対化してみられることや、国境をこえて移動しているがために多様な文化を実体験していることは、補習授業校で学ぶ子どもたちの強みです。補習授業校は、それをいかしながら、グローバル社会で活躍できる次世代を育てるべく刷新していかなくてはなりません。校長先生たちの話からは、そうした課題が明らかになりました。

コラム⑩

全国学力・学習状況調査

第8章では、全国学力・学習状況調査をもとにして行った補習授業校への大規模調査を紹介しました。全国学力・学習状況調査とは、文部科学省が2007年度から全国的に実施している調査で、一般には、「全国学力テスト」などと呼ばれています。毎年4月、小学6年生と中学3年生を対象に、国語、算数・数学、それに、年によって理科や英語の試験が行われています。ただし、2011年度は東日本大震災、2020年度は新型コロナウイルス感染症の影響などにより、実施が見送られました。

学力だけではなくて、「学校に行くのは楽しいと思いますか」「自分には、よいところがあると思いますか」といった項目についても調べています。毎年結果が公表されていますので、補習授業校との比較が可能になったのです。

全国学力・学習状況調査については、都道府県ごとのランキングが新聞で報道されたり、自治体によっては学校ごとに結果を公開したりしています。過度の競争を招くという批判がありますが、本来の目的は、国や学校、先生が子どもの学力や学習状況の実態を把握し、教育を改善していくことにあります。

この調査からは、朝ごはんを食べているかどうかや家庭の経済的な背景が、学力と関係していることがわかっています。補習授業校の子どもたちは、日本で育つ子どもたちに比べて、生活習慣が整っており、自尊感情が高いことがわかりました。海外で家族が一体となって生活していることが、子どもたちの成長によい影響を与えているのかもしれません。

（渋谷真樹）

第九章 多様な背景を持つ子どもたちがともに学ぶために

佐々信行［一・二節］
近田由紀子［三節］
渋谷真樹［四節］
岡村郁子［五節］

一節　補習授業校で学ぶ子どもたちの家庭環境

補習授業校の多彩な子どもたち

ねむくても、ねてはいけません。

ドイツで補習授業校に通う小学校一年生の日記です。彼女が通う補習授業校は土曜日が授業日。金曜日の夜、お母さんに励まされながら一生懸命宿題に取り組む様子が目に浮かびます。ドイツに来てから二年目、インターナショナル・スクールに通っています。はじめのころは、平日は楽しくなく、土曜日に補習授業校に来るのが一番の楽しみでした。最近は英語での学校生活にもだいぶ慣れてきて、楽しく学校に通えるようになり、両親をほっとさせています。補習授業校には幼稚園のクラスで入り、今年一年生になりました。一年生になると急に宿題が多くなります。本を読んで聞いてもらう、日記を書くなどの宿題は毎日やることになっていますが、どうしても金曜日の夜まで残ります。インターナショナル・スクールの一週間が終わって疲れていることもあり、補習授業校の宿題に取りかかるのは夜になります。うとうとするとお母さんに起こされます。泣いてしまうこともあります。それでも、土曜日にはちゃんと宿題を終わらせて登校します。同級生のみんなもやっているのだと思うと負けられないのです。

きのう、かぞくでみだのにいきました。

今度はアメリカの補習授業校の一年生です。彼はアメリカ生まれ、お父さんはアメリカ人です。家族でどこに行ったのでしょうか。「みだの」は、地名のようでもあるし、何かのイベントのようにも聞こえます。「みだの」の「だ」にアクセントを置いて「ミダーノ」のように発音してみてください。おわかりになりましたか。そう、「ビッグマック」が代表メニューのハンバーガーレストランです。よく行くレストランの名前を声に出して、ひらがなで書いてみたら「みだの」になりました。あのレストランが、日本では六文字の長い名前で呼ばれているとは、信じられないかもしれません。お母さんとは日本語で話し、補習授業校の宿題を手伝ってもらったりしています。でも、あのレストランの名前は、家族の中では「みだの」と言うしかありません。

毎週机を並べて学習する補習授業校の同級生でも、置かれている状況はずいぶん違います。三年生の男の子のお母さんが、現地校の担任の先生に呼ばれました。教室であまりにも静かなので、先生は心配したのです。発達に問題があるのなら特別支援のプログラムを考えなければなりません。しかし、彼は、補習授業校では元気いっぱいなのです。お母さんが、土曜日には補習授業校で元気に過ごしていることを伝えると、先生は安心して、「それなら励ましながら様子をみましょう」ということになりました。半年ぐらい経つと彼は現地校でも徐々に本領を発揮するようになりました。

言葉のわからない環境に移った瞬間は、真っ暗なトンネルの中のようなものです。当然のことながら、黙ってじっとしているしかありません。いままで日本の学校で活躍していた子どもにとっては大変つらいことです。月曜日から金曜日までは、自分を出すことができず、大きなストレスの中で過ごします。

そんな子どもたちにとっては、補習授業校が唯一力を発揮できる場になります。日本から来たばかりですから、日本語での学習には自信を持って取り組めます。遊び時間には不自由のない日本語で友だちと思い切り遊ぶことができます。平日のストレスをここで吹き飛ばし、エネルギーを取り戻して次の週の五日間に立ち向かっていくのです。また、すでに暗いトンネルの時期を克服した友だちの姿をみれば、いまのつらい生活が永遠に続くものではないことがわかります。同じような経験をした友だちは、いまの気持ちをわかってくれ、本当に必要な助けを出してくれます。海外に移ったばかりの子どもたちにとって、補習授業校はかけがえのない場所なのです。

反対に、日本語があまり強くない環境で育った子どもたちにとっては、補習授業校がつらい場所になることもあります。「日本語は難しいから補習授業校に行きたくない」と子どもが言い始めたら、親の悩みは深くなります。近いうちに帰国して日本の学校で学ぶことが決まっているなら、苦しくてもがんばるしかありません。しかし、当面帰国する予定がない場合、いったん日本語のプレッシャーから解放してやるべきなのか、それともこの苦労も子ども自身の財産になると信じて続けさせるか、簡単な選択ではありません。

わたしたちが進めているAG5プロジェクトで学習活動を工夫したところ、何人もの保護者から「日本語が得意でないからと消極的にならず、楽しく学習できたようです」というような感想をいただきました。日本語が得意でない子どもたちとお父さんお母さんの悩みをすっかり解決するというわけにはいきませんが、少しでも笑顔で日本語に取り組めるようになったり、日本語を続けようという意欲がわいてきたりすれば、大変うれしいことです。AG5プロジェクト三年間の歴史は、その可能性を示しています。

帰国の予定のない子がみんな補習授業校を嫌がっているわけでもありません。中には高いモチベーションを持って取り組んでいる子どもたちもいます。ある四年生の女の子は、「みんなが話せない言葉を話すのは特別な感じがして楽しい」と話してくれました。みんなが英語を話す中で育ってきた彼女にとって、日本語の「特別感」が楽しさになっているのです。確かに、「ひらがな」「かたかな」という二種類の、合わせて一〇〇字にもなるアルファベットを使いこなし、複雑で謎のような何百もの「カンジ」を知っていて、本を「後ろから」開いて上から下に読んでいく彼女の姿は、アメリカ人の友だちには魔法使いのようにみえることでしょう。

中には、一度も日本に住んだことがないのに補習授業校を高校まで卒業する生徒もいます。アメリカの補習授業校に通う高校生の中には、日本語ができることをアメリカ社会の中で生きるための強みにしようと考えている生徒が少なくありません。本職がビジネスマンである補習授業校の校長は、彼らが日米をまたぐビジネスのアメリカ側の即戦力になることを期待していると話してくれました。

補習授業校の多くは、「日本から一時的に外国に来て生活する子どもたちが、帰国したときに日本の学校で困らないようにする」という目的で出発しました。しかし、いまではもう、海外生まれの子どもたち、当面帰国する予定でない子どもたちも、それぞれのモチベーションを持って学ぶ場所になっています。そのことでいままでになかった難しさも生まれています。しかし、それは同時に、補習授業校が、日本語をとおして、帰国する子どもたちにもそうでない子どもたちにも、それぞれの人生にいかせる力を与えることができる場であることを意味しています。補習授業校は、新しい役割を果たす時代に入っているのです。

補習授業校の子どもたちと日本語

補習授業校に通う子どもたちすべてに共通するのは、複数の言語の中で生きているということです。ある子どもたちにとっては日本語が第一の言語であり、他の子どもたちにとっては第二の、場合によっては第三の言語ということになります。このような子どもたちについて、これまでの経験や研究からわかっていることは、第一の言語がしっかり身についていることが、第二、第三の言語の獲得のためにも必要だということです。

第一の言語は「母語」と呼ばれます。赤ちゃんが生まれてから、生活の中で最初に耳にする言語です。赤ちゃんに言葉を聞かせるのは親ですから、「母語」は、「親の言葉」といってもよいでしょう。赤ちゃんをみると、親は自然に話しかけたくなります。親からたくさんの言葉を耳に入れてもらって、赤ちゃんは言葉を獲得していきます。親の言うことを聞き分けるようになり、やがて自分でも話すようになります。幼児が言葉を使えるようになっていく様子には目を見張るものがあります。日本語を話す親に育てられると子どもは日本語を理解し、話すようになっていきますが、それは日本語を使う力をつけていくと同時に「言葉を使う基礎となる力」を獲得していく過程と考えられるのです。

地球上にはたくさんの言葉がありますが、言葉によってどのようにコミュニケーションが可能になっているかをみると、そのプロセスはどの言語でも基本的には変わりません。話し言葉なら、話し手が頭の中のアイディアを音の組み合わせに置き換える↓声に出して音波に変える↓音波が耳に届き、意味のあるまとまりとしてとらえられる↓聞き手が頭の中にあるアイディアと照らし合わせて内容を理解する、ということになりますが、これはどの言語でも同じことです。つまり、言語は違っても脳は同じような働きをするということです。

ですから、母語（第一言語）を獲得する過程で身につけた「言語を使う能力」は、二つ目以降の言語にも同じように通用するのです。もちろん、すべてが同じではないので余分に学ばなければならないところはありますが、けっしてゼロからの出発ではありません。母語の力が十分にある子は、二つ目の言語もしっかり伸ばしていくことができるのです。

逆にいうと、母語がしっかり育っていないと、二つ目の言葉も伸びないということになります。日本語が母語である子どもたちにとっては、日本語を順調に伸ばしていくことが絶対に必要なのです。言葉の基礎が一応確立するのは小学校高学年ぐらいといわれていますから、それまでの期間が特に大切です。

母語は一つである必要はありません。母親と父親が別々の言語を使っていればその両方が母語といえる場合もあります。大切なことはその言語がそれぞれの親にとって「自分の」言葉であることです。そうでないと、子どもに言葉の機能を十分に伝えることができないからです。子どもに必要なのは、お母さんやお父さんと直接心を伝え合える言葉です。親との親密な結びつきの中で、言語を学んでいくために必要な基礎が培われていくのです。

家庭の中だけでは言葉を使う場面が限られるので、お話を聞かせたり、絵本を読んだりしていろいろな状況で使う言葉を聞かせることが大切です。三歳ぐらいになると、親との関係以外に周りの世界との関係が広がってきます。補習授業校の多くは幼稚園や幼稚部を併設していますが、それは同じ年頃の子どもたちが日本語で生活する場面を体験させることになるので、大きな意味があります。補習授業校に長い時間をかけて通ってくる子がいます。親の言葉が日本語であったら、そして周りに日本語の環境がないところに住んでいたら、片道二時間かけても補習授業校に通う価値は十分にあります。

補習授業校に来ている子どもたちの言語環境は一様ではありません。子どもを「日本語」とどのように付き合わせていけばいいのか、それぞれの親にそれぞれの期待と悩みがあります。

二節　日本語力が違っていても一緒に学べるわけ

補習授業校で学ぶ言葉

子どもの言語を「生活言語」と「学習言語」に分けて考える考え方があります。「生活言語」は日常生活のコミュニケーションに使う言語、「学習言語」は日常生活に使わないような言葉も含めて学校の教科のような学習を進めていくために必要な言語です。もちろん「生活言語」

が先にあっての「学習言語」ということになります。補習授業校はその上で「学習言語」を学ばせる場所という見方をすることができます。

「生活言語」は、文字どおり生活の中で身につけていくものです。毎日の生活の中で十分な時間を日本語が聞こえる環境で過ごすことが必要です。アメリカなどでは「日本語イマージョン・プログラム」のようなものがあり、「一日三時間は日本語で授業を受けています」というようなケースがありますが、そんな子どもたちでも補習授業校の学習に参加するには無理があります。つくられた日本語環境では、日本語を自分の言葉として話すのは先生だけで、子どもたちは学校で習った日本語しか知りません。そこには本当の日本語の生活はないので、耳に入る日本語の量は圧倒的に少ないのです。補習授業校で楽しく生活し、学ぶことができるのは、家庭に日本語の生活があり、「生活言語」が少なくともある程度は使える子どもたちです。ごくまれには、日本に住んで日本の学校に通っていた外国人のような場合がありますが、これは特別な場合です。

同じ学年で、一応「生活言語」は持っている子どもたちの間でも、日本語を使う力はかなり違っています。一日で教科書をすらすら読みこなす子もいれば、最初の漢字で行き止まってしまう子もいます。

それではということで、クラスを「習熟度別」に分けて教えようという試みがたくさんの補習授業校で行われてきました。ところが、この方法も決定的な解決策にはなりません。二つのクラスが「できるクラス」「できないクラス」というふうにみえてしまうと、「できないクラス」に振り分けられた子はモチベーションを失ってしまいがちになります。子どもの日本語の状態と親の期待とのずれも大きなストレスになります。このようなクラス分けが成功するには、二つのクラスのどちらにいる子どもたちも自分がそのクラスにいることを納得して、そこで誇りを持って学ぶ気持ちでなければなりません。実際にはそれはなかなか難しいことです。それに、二つに分けても、それぞれのクラスの中にはやはり日本語力のかなりの違いが存在します。それで、一度はクラスを分けてみたものの、しばらくしてやはりもとに戻すというケースも珍しくありません。あまり大きくない補習授業校の場合は、クラスの数を増やすことは財政的な負担にもなります。それでは日本語の力が異なる子どもたちを一緒に学ばせることはできないのでしょうか。

授業を活動で組み立てる

授業の中で特に「子どもの力にばらつきがあると教えにくい」のはある事柄を説明して理解させようという場合でしょう。「説明が難しすぎると理解できない、やさしすぎると物足りない、どの辺の子に焦点を合わせればよいかが難しい」ということになります。真ん中辺に合わせると上の子にも下の子にもつまらないかもしれません。上手な落語家さんは、理解力の異なる大勢のお客さんのみんなを話術で楽しませることができますが、それはなかなかできることではありません。補習授業校に来ている子どもたちを相手にしたら名人でも苦労することでしょう。

「説明してわからせる」ことを、授業の中心にしたら、みんなが楽しく参加する授業にすることは大変難しいことになります。いまはなくなっていると信じたいところですが、一昔前は特に中学校以上では先生が教科書に書いてあるのとほとんど同じことを説明して、生徒がそれをノートに書き写し、それをどれだけ記憶しているかをテストで評価する、というような授業がありました。このようなかたちではいろいろな力の子どもたちみんなに対して効果的な授業を行うことはできません。子どもの力が違っていることを前提にして、みんなの力を伸ばすような授業をつくっていくためには、授業の目的を「みんなを同じところまで連れていく」ことではなくて、「一人ひとりをできるだけ前に進ませる」というイメージで考えることが必要です。

「アクティブ・ラーニング」という言葉が使われることがあります。学習指導要領では、「主体的・対話的で深い学び」と表現されています。これは新しい考え方のようにいわれることがありますが、人間の脳が活動することによって新しい力が獲得されることが「学び」ですから、「アクティブ／主体的」でない学びなど本来あるはずがないのです。こんな当たり前のことがことさらにいわれなければならないのは、それが忘れられていたということでしょうか。

授業の計画には、「何を教えるか」ということは当然含まれますが、それをどのように学ばせるか、授業の中で「どのような活動をさせるか」ということが授業を成立させる条件になります。先生がたくさんの活動の引き出しを持ち、子どもたちの興味関心や発達段階に合う活動をさせてあげれば、楽しく効果的な授業をつくっていくことができます。授業に取り入れられる「言葉を使う活動」の中には、日本語の力が違っていても同じように参加できるものがたくさんあります。受け身の状況では、自分の力が及ばないことにはまったく歯が立ちませんが、自分から活動する場面では自分の持っている力を使って自分に合った方法で参加することができるのです。先生たちが力を合わせ、いろいろな活動を工夫していけば、授業の可能性をどんどん豊かにしていくことができるでしょう。

一つ目の言葉が二つ目を

「日本語力の違い」は、日本の学校でも当然あることですが、補習授業校の場合は特別な事情があります。それは、補習授業校で「日本語力が弱い」子どもたちのかなりの部分は、言葉を使う力そのものが弱いのではなく、毎日の生活で使う言葉――アメリカであれば英語――に関しては十分な力を持っているということです。彼らにとって日本語が二つ目の言語だとしたら、一つ目の言語（母語）が確立する年齢になれば、その力を使って日本語の学習を進めていくことができます。

一人の中学生が親の都合でアメリカに来ることになり、学校に通い始めたらどのように学習をするでしょうか。補習授業校とは逆に、彼にとっては、日本語が一つ目、英語が二つ目の言葉ということになります。

Aくんは、理科の時間に宿題のプリントをもらいました。どうやら、何かについて調べてきなさいという課題のようです。隣の席の友だちが説明してくれたのですが、その説明が理解できません。

家に帰ったAくんは、お母さんに課題を読んでもらい、何をしなければならないのかを日本語で説明してもらいました。日本語で説明してもらったので、課題が「再生可能エネルギー」の例を調べてくることだとわかりました。お母さんは、課題の意味だけでなく、プリントに使われているいくつかの単語の意味を教えてくれました。お父さんの仕事が、エネルギーに関連していることもわかりました。

お父さんが帰ってくると、Aくんはお父さんに、仕事のことを説明してもらい、わかったことを日本語でメモをとりました。日本の理科の教科書にも関係するところがあったので、そこを詳しく読んでみました。日本語のいくつかのウェブサイトを訪ね、学校で先生が紹介した英語のサイトものぞいてみました。日本語で読んだ後なので、写真や図の助けで、英語で書いてあることも想像がつきました。

レポートを準備するにあたって、Aくんはまず、日本語で下書きを書きました。そして、それを英語に直していきました。辞書を片手に長い時間をかけて一通り書き上げ、お父さんとお母さんにみてもらいました。お父さんは、よりわかりやすい言い回しを提案してくれ、お母さんはつづりのまちがいを直してくれました。何日も夜遅くまでがんばりましたが、Ａくんは無事にレポートを提出することができました。

だいたいこのようなことが、世界中の何千という家族で今日も起きていると思われます。まだ英語の力が十分でないＡくんが、なぜ課題をやりこなすことができたのか。それは、彼が十分な日本語の力を持っていたからです。この学習の中で、彼は日本語を使って内容を理解し、さらに英語で表現する力も訓練することができました。日本語と理科と英語という三つの力を伸ばしたことになり、いわば一石三鳥の勉強をしたことになります。彼自身だけでなく、家族みんなの努力がそれを可能にしたのです。このような時間は、後になって、家族みんなの宝になります。

日本語と英語が反対になりますが、補習授業校の学習でも、同じようなことが起きると期待できます。日本語で発表するような学習活動では、準備の段階では英語で下書きを書いたり、言いたいことを英語で保護者に伝えて日本語の言い方を教えてもらったりしている子どもたちがいます。この子たちは、得意な英語の力で日本語の力を引き上げているといえます。主体的に取り組む課題であれば、日本語の得意な子どもたちと英語の得意な子どもたちが同じ教室で同じ課題に取り組むことができるのです。その様子は、これからの世界のあるべき姿をみせてくれているようにも思えます。ただし、これを可能にするには、子どもの努力だけでなく、家庭の大きなサポートが必要になります。子どものすべてがそのような恵まれた環境にいるわけではありません。しかし、その幸運な子どもたちの数はけっして少なくないこともまた確かです。

話したくなる、書きたくなる課題を選ぶ

年齢に合った課題を選ぶには、各科目の教科書をみることが大変役に立ちます。教科の内容は長い時間をかけて検討されてきたものなので、ちょうどその学年の子どもたちが興味を持ち、調べたり考えたりするのにふさわしい題材が選ばれているからです。

小学校一、二年生では、学校にあるものやうちの周りでみられるものが教材になります。学校の中に何があるかをみに行ったり、近くにいる生き物や植物を観察したりということになります。日本の一年生のほとんどが朝顔を育てていると思いますが、自分で種をまき、水をやり、毎日手の届くところで育っていく朝顔は一年生にとってはちょうどよい相手なのです。雨の日にも傘をさして水をやりに行く一年生がいます。大人の目からみると無駄なことのようにもみえますが、「ぼく」や「わたし」と目の前の朝顔の命との関わりを学んでいる頼もしい姿だと思います。補習授業校で「国語」の時間に話題にするのも、この年齢の子どもたちが生活の中

で直接経験するものがよいのです。また、この時期の子どもたちは、まだ大人に守られていることで安心する段階なので、「大人に聞いてもらうこと」が、話したり書いたりするモチベーションになります。「せんせい、あのね」が定番の学習活動になっているのはここに理由がありますし、家庭学習でも、音読の練習をお父さんやお母さんに聞いてもらう、日記を書いたらお家の方に一言コメントをもらうなど、保護者との連携が効果をあげます。

三、四年生では住んでいる町や県、州などいくらかでも直接みたり触れたりできる範囲にあるものが興味の対象になります。目の前に手掛かりになるものがあれば、そこから関心を広げていくことができます。社会科の関連ではゴミ処理の問題がよく取り上げられます。自分の目の前にあるゴミに関心を向ければ、それがどこへ行くのか、誰がそれを動かしているのか、知りたくなります。そしてその疑問を直接見学して解くという展開になります。歴史に触れさせる手掛かりは、町に残る建物や、記念碑、道具などです。具体的なものを手掛かりにすれば、筋道を立てて考えたり、想像を膨らませたりすることができます。この年齢の子どもたちには手掛かりを「直接みる」ことが必要なので、日本の社会科の教科書で扱われているどこかの町を教材にするのではよい学習はできません。多くの補習授業校では、「わたしたちの○○州」のような地域を学ぶ教材をつくっていますが、これはこの時期の子どもたちにはぜひ必要なものです。「国語」の授業であっても、子どもたちに「話したい」「書きたい」という気持ちを起こさせるには、国語の教科書にとらわれない題材の選び方が求められます。

五、六年生になると、直接見聞きできないものでも、いろいろな情報を使って考えに含めることができます。行ったことのないところについて調べたり、生きていたことのない時代の生活を想像したりすることもできます。自分たちと国全体や、世界との関わりも視野に入ってきます。補習授業校の子どもたちなら、ほとんどが少なくとも二つの国や文化に直接つながっているので、広い視野でものごとを考えさせることができるでしょう。子どもたち同士で協力して調べたり、話し合って考えを深めたり、わかりやすく知らせるためにいろいろな工夫をしたりすることもできるので、活動のバリエーションも豊かになってきます。

わたしたちのプロジェクト（AG5）の単元を考えるにあたって、日本とテキサスの理科や社会科のカリキュラムを比較してみました。すると、同じような内容があちこちにみられました。子どもの発達段階は国が違ってもそれほど大きくは違わないと思われます。子どもたちが現地校やインターナショナル・スクールでどんなことを学んでいるかを研究すると、補習授業校でも使える活動や教え方がたくさんみつかると思います。

AG5では、最初に小学校四年生の単元づくりに取り組みました。四年生は、母語をとおして言語基礎がほぼ確立し、日本語が得意でない子でも「英語で考えて日本語に直す」ようなことが少しずつできるようになってくる年齢だからです。それに、この年齢まで補習授業校を続けている子どもたちは、家庭で必要なサポートを受けることができる環境にあると思われます。

四年生が期待に応える成果をあげたので、二年目は小学校高学年での学習活動計画の作成に取り組みました。三年目には、範囲を小学校一年生から中学校にまで広げて展開しました。課題の選び方、活動の工夫によって、どの学年でも活発な授業を展開することができました。

低学年の子どもたちは、母語がまだ確立していないので、高学年と同じような授業の展開は難しい場合もあります。しかし、日本語力の隔たりがまだ高学年ほど決定的になっていないので、その分、一緒にできることが少なくないともいえます。子どもたちの発達段階を踏まえて活動の種類を考えていくことが大切です。

子どもたち一人ひとりにそれぞれの事情がありますから、残念ながら補習授業校を途中でやめてしまう子どもたちもいます。そんな子どもたちをゼロにすることはできないでしょう。しかし、授業の方法を進歩させることによって、そんな子どもたちの何人かが補習授業校の学習を続けることができるようになるとしたら、うれしいことです。

一度補習授業校を続けられなくなったとしても、よい思い出があったら、大きくなってからまた日本語の学習に戻ってくるかもしれません。大きくなれば「外国語」として言語を学べるようになります。努力によって、大人として立派に使える日本語を身につけることは十分に可能です。時々日本人よりも日本語が上手な外国人に出会うことがありますが、彼らの多くは大学生のような大人になってから高いモチベーションを持って日本語に取り組んだ人たちです。補習授業校で学ぶ子どもの親たちの多くも、中学生から学び始めた英語を使って海外で活躍しているのです。

日本語力だけでなく、補習授業校との向き合い方も子どもによって、家族によって大きな違いがあります。補習授業校がより広い家族のニーズに応えられるようになれば、補習授業校の可能性がそれだけ高まることになります。

三節　補習授業校の多様な学び

バイリンガル・バイカルチュラルの視点が広げる豊かな学び

さまざまな子どもたちが一緒に学ぶには、それぞれの強みをいかしながら意欲的に学べる学習活動を工夫する必要があります。それぞれの強みとは、英語力が高く現地校でのプロジェクトワークが得意である、日本の教科書から必要な情報を容易に探せる、人前で話すことは苦手だけど誰とでも協力できるなどさまざまです。このような子どもたちが集まる補習授業校の強みは、何といってもバイリンガル・バイカルチュラルの視点があることです。日本語と英語、日本の文化と現地の文化、それぞれに強みを持つ子どもたちが学び合えるように考えたのが、小学四年生「発見！わたしたちのテキサス」です。

社会科「わたしたちの都道府県」という単元で扱う内容を、国語科と関連させました。補習授業校は授業時間数が少ないのですが、合科的に扱うことで少ない時間でもアクティブなプロジェクトワークを可能にし、また日本語支援が必要な子どもたちも楽しく参加できる学習活動を盛り込むことができます。

この学習では教科の目標と日本語の目標を設定して取り組みました。社会科で都道府県を学ぶのにテキサス州を扱ってよいのかと心配される方もいるかもしれません。しかし、自分と関わりのあることは学習の動機付けになり、それを学ぶのは意欲的に学習課題に取り組み、社会的思考力を育むにはとても大切な学び方なのです。

子どもたちは、テキサス州について調べ、ジグソー法（子ども同士が協力し合い、教え合いながら学習を進めいていく方法）という学び方で交流し、学んだことを「ジョパディクイズ（アメリカのクイズ番組のこと）」大会で披露しました。この楽しい活動で勢いづいた子どもたちは、さらに探求を進め、国語科「研究レポート」の様式で報告書をつくったりポスターセッションで交流したりしました。「テキサス州に多くの人が集まるのはなぜか」というタイトルのポスターもありました。テキサスに住んでいるからこそわかる情報を共有する、まさにバイカルチュラルの視点がいかされた学びです。日本語が苦手で普段はあまり話さない子どもも伝えたいことがあったのでしょう。日本語で友だちと対話しながら協働していたそうです。クラス意識が高まったことも報告されました。知識習得だけでない豊かな学びとなったのではないでしょうか。

多彩で魅力的な学習活動で力を発揮する子どもたち

小学六年生国語科に「鳥獣戯画」という説明文があります。日本の学校の子どもたちも四苦八苦するような難しい教材です。しかし、補習授業校の授業で、子どもたちが生き生きと学ぶ姿がみられました。どのようにして実現させたのでしょうか。

子どもたちの学習課題は「絵から情報を読み取り、スピーチをしたり、物語を書いたりしよう」です。「鳥獣戯画」は日本最古の漫画といわれ、教科書にも挿絵がふんだんに挿入されています。その絵から情報を読み取り表現活動につなげる計画です。子どもたちがこのゴールへ到達できるよう、先生は、家庭学習も含め、次のような手立てを駆使して支援しました。

・家庭学習では、授業の反転学習（詳しくはこの章の五節を参照）をし、音読練習をVTRに録画し提出。
・絵をみて物語を創作する物語即興創作スピーチ(1)を授業のはじめに実施。
・「鳥獣戯画」の動画をみてグループでアフレコをする。
・本文の内容理解のためのクイズオリエンテーリングをする。

これらの活動をばらばらに行うのではなく、学習課題の達成に向けて綿密な計画のもと実施されました。反転学習や物語即興創作スピーチで学んだものの見方をいかして「鳥獣戯画」のアフレコシナリオを考える、朗読の練習がアフレコ活動にいかされる。ペアの相手を替えてスピーチを行うことで、何度も話す練習ができる。本文の内容理解がアフレコのシナリオづくりにいかされる。すべてがつながって意味のある活動であることに子どもたちも気づいていきます。

また、反転授業の実施や音読の音声記録提出などは保護者の協力が得やすく子どもの自律学習が促されること、クイズオリエンテーリングなどの交流活動はグループでの協働を促すとともに日本語での言語活動を活性化することが明らかになりました。さらに動画の活用により、日本語が苦手な子どもたちの活躍の幅が広がりました。日本語は苦手でも想像力やアイディアをいかして愉快なアフレコシナリオを考え、友だちと協力して練習をし、アフレコ発表会に挑みました。挿絵をスクリーンに映す操作は、保護者も協力してくれて、立派な出来栄えに達成感もひとしおだったようです。

どの学年でも応用できる楽しい学習活動

補習授業校の先生は、週一日の貴重な授業のために、多くの準備と時間を要します。いつも工夫をこらした授業をするのは至難の技といえるでしょう。しかし、どの学年にも応用できて、準備に時間をかけず楽しく学べる学習活動があります。ここではその一部を紹介しましょう。

①なたもだ作文

日本語や作文に苦手意識を持っている子どもに、「書く」という活動をさせることはなかなか難しく、補習授業校の先生にとって、悩みのタネとなっています。子どもたちは句点をつけず書き続けてしまったり、「そして」を何回も続けてつないでしまったり、何を伝えたいのかわからなくなってしまうこともあります。そんなときに役立つのが、「なたもだ作文」です。

ⓝなぜなら……　ⓣたとえば……　ⓜもし……　ⓓだから……

ワークシートに、この四つの言葉を示しておけば、子どもたちはこれらの言葉に続けて文を考えればよいのです。小学部低学年から中学生までどの学年でも応用できます。発達段階や日本語のレベルに応じてテーマを設定して取り組ませます。書くことの苦手意識が強かったり、アイディアが思い浮かばなかったりする場合は、書く活動に入る前に、ペアで話し合って自分が伝えたいことをはっきりさせてから取り組ませるとよいでしょう。

六年生では、「未来がよりよくなるために」をテーマに意見文を書く学習で、「なたもだ作文」を活用しました。それぞれのつなぎ言葉に続く文は、何をあらわすのか、きちんと確認した上で書く活動に取り組ませていました。「なぜなら：理由・根拠」「たとえば：具体例」「もし：仮定」「だから：結論」という構成を意識して、子どもたちは自分の考えに自信を持って記しました。

これは六年生が意見文を書く学習での展開でしたが、低学年の学習であれば、つなぎ言葉からイメージする考えを伸び伸びと書かせるのがよいでしょう。また、国語科のみでなく他教科においても、論理的に自分の考えを伝えるときの助けとなります。さまざまな場面で活用できそうですね。

②サイコロQ&A

「書く」という活動において大切なことは、子どもたちが書きたいテーマや伝えたい内容を明確に持っていることです。先生がテーマを示して、「さあ書きましょう」と呼びかけても、子どもたちは何をどう書いたらよいかイメージが持てません。まずブレインストーミングが必要になります。そこで役立つ手法が「サイコロQ&A」です。

四年生国語科「自分の考えをつたえるには」で、はじめてダラスに来る人におすすめの場所を紹介しようという学習をしました。まず「サイコロQ&A」でおすすめの場所への関心を高めます。サイコロの数字には学習課題に関連するテーマを設定しておき、子どもたちはサイコロを振って出た数字のテーマについて話します。①家族で遊びに行くなら……　②スポーツをするなら……　③買い物をするなら……　④・⑤・⑥〜するなら（a：自分の家の近くで　b：ダラスで　c：ダラスの近くで）……。

この活動では、日本語力に差があっても友だちと楽しく話せます。友だちとの会話が刺激となって興味関心が高まり、自分の考えがクリアーになったそうです。そして子どもの内面から書きたいことが沸き起こり、次に行う「書くこと」へのモチベーションへとつながったそうです。ここまで来れば後は進むだけです。なぜその場所がおすすめなのか、理由や事例、組み立てを考えて意見文を書いたり、互いの意見文を読み合ったりする学習にも張り切って取り組めます。

先生の準備にかける負担が少なく、子どもたちも先生も楽しく実践でき、なによりよかったことは「子どもたちが書くことを楽しいと思えたこと」だそうです。

この活動はどの単元でも応用できて、「書くこと」のスキルを身につければ時間も短縮できることを先生は実感したそうです。実際に他学年や他の補習授業校でもこの手法を取り入れて楽しい学習活動が広がっています。

③ビブリオバトル

ビブリオバトルは、小学部低学年から高校生まで楽しめる本の紹介コミュニケーションゲームです。方法は簡単です。

- おすすめの本を選ぶ。
- 時間を決めて本の紹介をする。
- 「一番読みたくなった本」に投票する。

学年や日本語のレベルに合わせて、本の選び方や発表時間を変えてクラスの特別ルールをつくることもできます。たとえば、六年生では、おすすめしたい本を選択する際に、原則は日本語の本としつつも、保護者から連絡があったときに限り、英語の本や図鑑、漫画でもよしとしていました。低学年なら絵本でもよいでしょうし、高校生ならばより専門性の高い本でもいいでしょう。発表時間は三分が目安ですが、低学年なら一分程度でもできそうです。

本を紹介するためには、「読む」力や時間が必要です。夏休みや冬休みを利用して、本を読んだり発表のための準備をしたりすることもできます。このゲームによって本への興味関心が高まり多読が促されたり、友だちとのコミュニケーションが活発にできるようになったりすることが期待できます。

④まだまだあるやってみたい手法

・子どもがワクワクするパワーポイント

二年生の子どもたちに文章構成について理解させたいと考えた先生は、全体をハンバーガーにたとえて「はじめ」「中」「おわり」を示しました。子どもが喜びそうなイラストを大胆に使って作成したパワーポイントはとても好評で、他の補習授業校の先生に共有したところ、早速活用されたそうです。

・落ち着いて発表できるビデオレター

人前で話すことが苦手な子どもには、ビデオレターという形式で発表するのもよいでしょう。授業時間内でできなくても、家庭で落ち着いて録画でしたものを、クラスで視聴することもできますし、欠席してしまってもビデオレターで参加することができます。

・カードや付箋紙で負担感を減らす

原稿用紙にいきなり書くのではなく、思い浮かんだことをカードにメモをします。カードだと書くことへの負担感を減らせますし、並び替えて構成を考えることもできます。全学年で効果が確認されています。

・パネルディスカッション

中学生にもなると自分の考えや意見を論理的に主張できるようになります。ディスカッションに入る前に、グループで意見文のブレインストーミングや意見文クイズなどをすると、根拠を明確にして伝えるための準備ができて、生徒たちは自信を持ってディスカッションに臨むことができます。

注

（1）絵から5W1Hの情報を引き出し、物語を自由に創作したり、先生や友だちの創作物語を聞き、発想の着眼点や方法を共有したりすること。

四節　アメリカからつながる高校生
——ICTを使った補習授業校間の合同授業

グローバル化する現代社会の実感

モノや人、情報がかつてなく大量かつ迅速に行き来する現代…などと、往々にして明るく語られてきたグローバル化ですが、この本を執筆している二〇二〇年初春には、コロナウイルスが瞬く間に世界を席巻し、パンデミック、すなわち、感染症の世界的流行の恐ろしさを地球全体が経験しています。そんな中で、アテネから福島へ聖火が届いたにもかかわらず、七月から八月に予定されていた東京オリンピックは延期になってしまいました。その一部始終を、世界中の人々が固唾をのんで見守っています。

コロナウイルスの影響で、この本を執筆しているメンバーが関わる学会の年次大会は、オンラインでの開催になりました。テレビ電話やウェブ会議など、つい最近までドラえもんの夢物語のように思っていたのに、ここ数年であっという間に現実化しているのですね。遠くにいる複数の人の顔をみながら話すことがいま、国内だけではなく、海外とでも、無料か、とても安価にできるようになっています。国際電話がまだ高額で、砂時計を前に話していた記憶がある世代には、まさに夢のような話です。

こうした便利なウェブ会議を使って、高校生の学びをより充実させられないだろうか。そう考えて生まれたのが、この節で紹介する、アメリカの補習授業校間の交流です。義務教育ではない高等部は、すべての補習授業校にあるわけではありません。けれども、義務教育を終えても日本語での勉強を続けたいと願う若者は、うれしいことに世界中に散らばっています。とはいえ、各校の人数はさほど多いわけではありませんから、同じように日本語で学ぶ仲間に出会う機会は限られています。

そんな生徒たちをつなげることで学びを活性化しようとしたのが、この交流授業です。ICTの発展で地球が近くなり、世界中の人々の現実が密接に関わり合っている時代に生きる若者にふさわしい学びをつくりだす試みを、ご紹介したいと思います。

交流授業の概要

二〇一九年の一一月一六日と二三日の土曜日、アメリカの補習授業校三校が参加し、オンライン会議システムを使って、高校生たちが、「東京オリンピック招致はよかったのか？」をテーマに、交流授業を行いました。参加校は、ダラス、シンシナティ、ワシントンの各補習授業校。高校一年生から三年生まで、一回あたり約五〇人の生徒が参加しました。

交流授業を主に担ったのは、ダラス補習授業校の前田耕先生です。前田先生は、テーマに関して日本語で書かれた調査や新聞記事などを、資料として生徒たちに配付しました。それを、授業では、三校の生徒たちが順番に朗読して、異なる立場やさまざまな意見を知りました。前田先生は、授業中、数回にわたって「東京オリンピック招致はよかったのか?」を生徒たちに問いかけ、多様な意見を引き出し、巧みに高校生の意見交流を促してくれました。最後には、各校から二名ずつ代表が出て、オリンピック招致に関する意見を述べました。費用や気候、文化交流などについて、活発に意見が交わされました。

補習授業校で学ぶ多様な生徒たち

この交流授業は、補習授業校の生徒たちが多様であると同時に、日本に特別な思いを持っていることや、グローバルな経験をしている点で、共通点を持っていることを再認識させてくれました。

一回目の授業の冒頭では、お互いを知り合うために、全員の生徒が順番にカメラの前に立ち、簡単な自己紹介を行いました。すると、三か月前にアメリカに来たという生徒も、アメリカで生まれ育ったという生徒も、さまざまな国を渡り歩きながら育ったという生徒もいることがわかりました。国際結婚家庭の生徒も複数いましたし、中国人で日本に住んだことはないという生徒すらいました。また、富士山に徹夜で登ったと語る生徒も、戦場カメラマンが自宅に来たという生徒もいました。

このように、補習授業校で学ぶ生徒たちは、それぞれが個性的で貴重な体験を持っており、多様なかたちで日本、アメリカ、そして、世界につながっているのです。

合同授業での学び

では、この合同授業では、どのような学びが生まれたのでしょうか。東京オリンピックの三つの基本コンセプトに寄せて考えてみましょう。

①全員が自己ベスト

国語や小論文の時間に行われたこの交流授業にとって、第一の目的は、生徒たちの国語力を高めることでした。この授業には、日本に住んだことのない生徒や、普段家庭で日本語を使っていない生徒など、日本語力が十分でない生徒も少なからずいました。けれども、授業の中には、同世代への自己紹介や、いまホットな話題への意見交換など、思わず発言したくなる仕掛けがたくさんありました。そのため、自発的な発言や対話が促され、懸命に日本語で発信する姿がみられました。こうして、日本語力にばらつきはあるものの、すべての人が自分が持てる力を発揮できる学びの場を用意することができました。

②多様性と調和

「東京オリンピック招致はよかったのか?」というテーマには、正解があるわけではありません。イベントにお金を使うよりも被災地の復興を優先したいという意見もありましたし、ある程度の費用がかさんでも国際交流の機会を大切にしたいという意見もありました。一都市開催ではなく全国での開催にしてはどうか、他の参加国にも費用負担を求めてはどうか、という条件付きの意見もありました。

参加した生徒たちの成育歴は多様ですし、日本語力もまちまちです。それもあって、意見の内容や発言の仕方はさまざまでした。その違いを互いに認め合って、一つの学びのコミュニティをつくれたことは、今回の大きな収穫でした。

③未来への継承

今回の合同授業を、わたしは、日本から裏方として眺めていたのですが、これからの時代を担う若者たちの意見交流に、頼もしさを感じました。困難に直面したとき、自ら考え、周りの人々と話し合っていく力の芽生えを、確かにみることができました。

この本が読まれるとき、コロナウイルスは沈静化しているのでしょうか。コロナウイルスは象徴的ですが、これからも世界的な危機を食い止めるためには、地球上に散らばるさまざまな人々の英知を結集する必要があります。高校生段階で、地球的な課題について議論し合う経験は、よりよい世界をつくりあげる次世代を育てるために、ぜひとも必要なことだと考えます。日本語や日本への思いを核としたネットワークを形成したり、海外から日本につながったりすることは、国境をこえて育っていく若者に特有の強みになることでしょう。

世界につながるこれからの学び

今回の合同授業では、オンライン会議の接続の手間や音声の乱れなどが若干あったものの、交流を妨げるほどではないことがわかりました。今後、こうした取り組みが進んでいけば、補習授業校の生徒同士だけではなく、日本の生徒と海外で学ぶ生徒との交流も活発化し、世界の多様性や人々の共通性をより身近に感じることができるようになると考えられます。

合同授業によって、先生方同士の連携も強まりました。主な授業担当者は前田先生でしたが、シンシナティ日本語補習校の荒木美千子先生、ワシントン補習授業校のホーガン潤先生はじめ複数の方々が関わって、この合同授業は実現しました。合同授業をつくりあげる中で、授業の展開の工夫や教材の見方、ひいては、海外で日本につながる若者たちをいかに育てるかといった教育観までをも交流することができました。その場合にも、オンライン会議システムはおおいに役立ちました。

今後の課題として、新聞記事は事前に読んでおいて、授業中は議論に時間を割いてはどうかという案が出されました。各校の事情や先生の授業観が異なっているので、引き続き検討が必要ですが、反転授業や主体的な学習が叫ばれるいま、授業の根幹に関わる大切な問題を提起していると思います。

また、今回は、オリンピックの招致という決定済みの事柄をテーマにしましたが、もっとこれから変えられることをテーマにした方がよい、という意見が生徒から出されました。地球的な課題について若い人々が意見や体験を交流する授業は、グローバル・シティズンシップ教育と呼んでいいのかもしれません。このような教育をとおして、世界をよりよく変えていける次世代が育ってくれたらうれしいですね。

地球的な課題について話し合う媒介として日本語が役立ち、そうした活動の結果として日本語力が伸びる、さらには、日本に対する親近感や世界に対する責任感が強まっていくというのは、補習授業校の理想的なあり方なのではないでしょうか。

五節　補習授業校に家庭の力を

家庭は第二の学校

海外で学ぶ子どもたちにとって、家庭は「第二の学校」としての役割を期待されています。現地校で学ぶ場合、英語をはじめとする現地の言語が身につかない子どもたちの学習に、家庭のサポートは欠かすことができません。同様に、週末の補習授業校での学習だけで日本語力の維持や日本語による学習のすべてを行うことは難しく、家庭学習に頼る部分が大変多くなります。平日は現地校の勉強や宿題、スポーツや音楽などの課外活動に追われて時間がとれず、補習授業校前日の深夜までかけて、まとめて宿題を片付ける家庭も少なくありません。これがいわゆる「魔の金曜日」で、「補習校離れ」の大きな要因の一つとなっています。近年大都市部では塾の進出が著しく、平日に日本向けの学習ができるようになると、土日を家族で過ごせるメリットや、受験準備まで面倒をみてもらえる安心感から、塾を第一選択とする家庭も多くなってきました。

補習授業校の宿題にまつわる金曜日の悪しき習慣を脱し、家庭の力をもっとよいかたちで補習授業校に取り込むために、いま、どのような工夫がなされているのでしょうか。

脱「魔の金曜日」を目指して～家庭の力を授業に取り込む

ＡＧ５の取り組みの中で、保護者がただ監督して子どもに宿題を「やっつけさせる」だけではなく、家庭学習の力を学習活動計画に取り込み、いかす実践が広がってきました。その背景にはＰＣやスマートフォンの活用やＳＮＳの発達もあります。ダラス補習授業校の先生方が、わたしたちのプロジェクトのメンバーの一人、雨宮真一先生とともに開発・実践した学習活動計画における、家庭とタッグを組んだ取り組みの例を紹介しましょう。

●スマートフォンやｉＰａｄを活用した音読の宿題

ダラス補習授業校の佐藤恵美先生やバーバー悦子先生のクラスでは、音読の宿題に、スマートフォンやｉＰａｄを取り入れました。家庭での音読の様子を、保護者が撮影します。「録画する」ことがモチベーションになり、何度も練習をして撮り直し、自分の録画をみて課題点をみつけては、撮影を繰り返します。子どもたちの取り組みに対して、保護者が先生となって「評価とコメント」を記載して、評価者としても活躍してもらいます。それにより向上した「音読の力」が、授業の中でいかされています。

こうした音読に限らず、自宅で撮影した動画を先生に送ってもらい、授業で発表しているクラスもあります。この方法により、補習授業校では周りの目が気になって思うように発言ができないような子どもたちが、家庭ではリラックスして感情豊かに表現する姿が映し出されるなど、先生にとっても想像以上の発見があるといいます。また、スポーツの試合などで欠席の子どもたちも、あたかも教室にいるようにバーチャル参加ができるようになったのも大きなメリットです。ともすれば単調な繰り返しに陥りがちな音読の宿題ですが、この方法で子どもたちが喜んで取り組むようになった、子どもの成長を実感できた、など、保護者からの評判も上々の宿題になりました。

●反転授業

「反転授業」とは、家庭で映像教材などを用いて予習を行い、授業ではその内容を踏まえて、学習内容に関わる意見交換などを行うものです。学びのインプットとアウトプットの場が逆、その名のとおり「反転」し、「家庭は第二の学校」どころか、「第一の学校」となります。佐藤恵美先生の学級では、指定した一五分間のNHKの教育映像「お伝と伝じろう（声だけで表現しよう）」を、お家の方に協力してもらって一緒にみる、という宿題を出しました。ただみるだけではありません。「みてみ〜る」という楽しいワークシートも用意され、映像をみながら質問に答えたり、不思議に思ったことやもっと知りたくなったことを書き込んだりします。次の授業ではそれをもとにして、自分の書いた文章を、より気持ちが伝わるように工夫しながら朗読し、ビデオレターに吹き込む、という活動につなぎます。さらにこのビデオレターは、「六年生を送る会」や、授業参観、卒業式後のホームルームなど、保護者も参加できる行事で発表します。家庭で一緒にがんばった成果を確認するとともに、お子さんの堂々とした姿に涙される保護者の方もいらしたということです。

●親子で一緒に、調べ学習

最近では、調べ学習の際にはインターネットを利用することが当たり前になってきました。PCやスマートフォンなどの使用が子どもたちだけでは難しい場合には、保護者の方が一緒にネット検索など手伝ってもらうことも多くなります。現地校とは異なり、補習授業校では授業中に図書館で調べたり、ネット検索したりすることが難しいので、調べ学習はほとんど家庭学習に委ねられます。一般に宿題は子どもが自分でするもので、親が手を出すのはもってのほかとされがちです。この概念を転換して、「手伝ってもらうことを前提にした宿題」を出すことで、親子ともにより関心を持って、家庭学習にも取り組めるようになります。保護者が間接的に授業に参加し、まさに教室と家庭の連携プレイで子どもの学習を支えているのです。

ただし、この家庭学習は保護者の協力が前提で、事前の同意が必要となります。学校によっては入学時に保護者の面接を行い、授業や宿題への協力に同意することへの確認が行われています。特に国際結婚家庭での家庭学習には配慮すべきで、宿題の内容を工夫することも必要でしょう。

●保護者が先生に〜授業参観のワンシーン

補習授業校の授業は週末ですので、授業参観などでクラスに保護者を招いて、学習成果を発表する機会も多くとることができます。小学五年担当の長本玲子先生のクラスでは、ダラスの自動車産業について調べた子どもたちが、トランプ大統領が日本車に高い関税をかけるというニュースに興味を持ったといいます。このクラスの子どもの保護者には自動車会社勤務の方が多いことから、授業参観日に、子どもたちの質問に答える講師役をお願いしました。まさに、先生となって授業に参加いただいたのです。

このような取り組みは他にワシントン日本語学校などでも行われており、現地で働く保護者のみなさんに、プロフェッショナルとして専門分野のレクチャーをいただく貴重な機会となっています。

現地校での学習を補習授業校にいかすために

平日現地校での学習のサポートに追われる保護者にとって、週末の補習授業校はまったく別の勉強をする場所として認識されていることが多いようです。わたしたちが進めるプロジェクトでは、学習指導計画の中で「現地校のカリキュラム」と「日本の学習指導要領」のすり合わせを行い、補習授業校の学習と現地校での学習を、タイムリーに連動させることを考えています。

ダラス補習授業校の例では、「発見！わたしたちのテキサス」という国語と社会科の合科的な指導項目を、現地校で地域の産業について学ぶ時期に合わせて、カリキュラムに組み込みました。これにより、子どもたちは、平日現地校で学んだことを補習授業校の学習に応用することができ、保護者はその宿題で得た情報や知識を活用して、学習のサポートに当たることが可能になります。同じテーマをバイリンガルで掘り下げることができるのです。

また、第八章でも述べたように、永住予定の子どもたちは、帰国予定の子どもたちよりも「人前で自分の意見を発表すること」が得意な傾向があります。音読のような、プレゼンテーション形式の活動を多くすることで、どちらかというと日本語力が弱い子どもたちでも、現地校で培った力をおおいに発揮することができ、自信にもつながります。国際結婚家庭では、補習授業校の宿題は日本人である親御さんにお任せとなってしまいがちですが、現地校のスキルをいかした宿題であれば、むしろ日本人でない親御さんの出番であるといえるでしょう。このように、学習活動や宿題を工夫することで、家庭の力をフルに結集したサポートが可能になるのです。

帰国後も重要な家庭でのサポート

何事においても、事前の準備が重要なことはいうまでもありませんが、意外に大切なのは事後のフォローアップです。少し古い調査になりますが、わたしが帰国生（中学生三二一名、高校生四八七名）を対象に行った質問紙調査の結果では、子どもたちへの家庭によるサポートは、海外に在住しているときよりも、帰国してからの方が、海外経験をとおして得たさまざまな能力をいかすことに対する影響力が強いことがわかりました。詳しくは、『異文化間を移動する子どもたち──帰国生の特性とキャリア意識』（明石書店、二〇一七）を参照してください。帰国生にとって、在外時の家庭によるサポートは大前提であり、むしろ等閑になりがちな帰国後のサポートが重要であるといえます。

海外滞在中も、帰国してからも、子どもたちの学習に果たす家庭の役割はとても重要です。お互いに無理なく楽しく、ともに子どもを育む仲間として協力し合うために、補習授業校ではさらなる工夫を重ねています。

コラム⑪

現地校

現地校（Local School）は、その国の現地の子どもたちが通う学校で、多くは現地の公立学校を指します。学校区制の地域では、ほとんどの場合、居住地によって自動的に学校が決まります。お子さんを伴う海外赴任では、日本人の在籍数、ESL（English as a Second Language：英語を母語としない人たちのための英語）クラスの有無、学校のレベルなど、どのような学校に通わせたいかによって、住む場所を決めるケースもよくみられます。現地校は、その国の言葉の習得に有利であることはもとより、学校やクラブ活動などを通じて近所に友人ができやすいのも大きなメリットといえるでしょう。現地校ではその国の国民としての教育を受けるので、たとえばアメリカでは、毎朝クラスで忠誠の誓い（Pledge of Allegiance）を暗誦するなど、日本にはない習慣があることにも留意が必要です。保護者による家庭学習や現地理解へのサポートは不可欠で、授業参観や面談、PTA活動への参加など、学校へ赴く機会も多くあります。

現地校に通う子どもたちにとって、毎週土曜日の補習授業校は、日本人の友だちと一緒に日本語で勉強し、日本の文化や習慣に触れる貴重な場です。また、大都市圏では近年日本の学習塾が進出しており、平日も日本の受験に備えて勉強をする子どもたちもいます。いずれも家庭との連携により、子どもたちのバイリンガル・バイカルチュラルな成長を支援しています。

（岡村郁子）

コラム⑫

サードカルチャーキッズ

サードカルチャーキッズとは、デビッド・C・ポロックとルース＝ヴァン・リーケンが同名の書籍（スリーエーネットワーク、2010）で提唱した言葉です。両親の生まれた国の文化を第一文化、現在生活している国の文化を第二文化として、この二つの文化の間で独自の生活文化を創造していく子どもたちを、サードカルチャーキッズと呼んでいるのです。海外で育つ日本の子どもたちは、まさにサードカルチャーキッズです。

サードカルチャーキッズは、「どっちつかず」とか「中途半端」というように、否定的にとらえられることがあるかもしれません。けれども、特定の場所や文化にとらわれないことは、むしろ強みだ、という考え方もあります。

現に、日本人学校や補習授業校の卒業生たちは、世界のさまざまな場所で新しい価値を生み出したり、オリジナルな生き方をしたりしています。アルピニストで、環境保護や慈善活動に取り組んでいる野口健さんも、いい例ですね。海外子女教育振興財団の月刊誌『海外子女教育』には、勇気づけられる生き方がたくさん紹介されています。

多様な人々と協働しながら、未知の課題に取り組んでいくことが求められる現代社会において、海外での生活経験はきっと生きてくるのではないでしょうか。

（渋谷真樹）

第一〇章　補習授業校を結ぶ

佐々信行

一節　補習授業校の先生たち――先生たちにもいろいろなドラマが

いろいろなのは子どもたちだけではありません。普通の学校であれば、教えている先生の職業は「その学校の先生」ですが、補習授業校はそうではありません。実にいろいろな人たちが先生として子どもたちと接しているのです。このことは補習授業校の難しさであると同時に豊かな学びができる可能性でもあります。ここに登場してもらう先生たちは、筆者が知っている方々をモデルにしていますが、その人たち自身ではありません。実在のいろいろな人たちが混ざった架空の人々とご理解ください。

A先生

専業主婦。結婚してこの国に住むようになり、補習授業校の関係者に乞われて教えるようになった。教職経験はなく、自分が生徒だったときを思い出しながら授業に取り組んだ。経験を重ねてやっと楽しく子どもたちに接することができるようになったが、自分のやり方がいまの日本の学校とは違うのではないかという不安もある。二人の子どもたちも補習授業校に通わせた。一人は小三で退学。やめさせる判断がよかったのかどうか、いまでも考えることがある。もう一人は高校まで通い続け、大学生になったいまは補習授業校の図書室でボランティアをしている。気がつけば勤続二〇年をこえた。自分の子どもに手がかからなくなったので、時間をかけて授業の準備ができるようになった。忙しい若い先生たちの助けになるよう、教材づくりなどを積極的に引き受けている。

B先生

会計事務所勤務。結婚三年目で、この国の生活にもだいぶ慣れてきた。日本の教員免許を持っているということでスカウトされ、教えるようになった。子どもたちと一日を過ごすのは楽しいが、せっかくの休日がなくなってしまうので夫に申し訳ないと思うこともある。平日は仕事があるので授業の準備はどうしても金曜日の夜になる。眠い目で子どもたちに出会うことになるが、子どもたちも同じような夜を過ごしてきたのかと思うと立場をこえた一体感を覚える。

C先生

写真家。専門は料理の写真で、雑誌などに作品を提供しエッセイも書く。補習授業校で先生がみつからないと聞き、好きな数学を教えるならということで引き受けた。子どもたちと接することでいろいろな発見があるのは楽しい。しかし、不規則な仕事なので立て込んでくるとつらいときもある。仕事の場所も変わる可能性があり、いつまで続けられるかわからない。入学式、卒業式の写真撮影の係は当然のように回ってくる。

D先生

留学中の学生。今年一年目。小中学生に日本語を教えることに興味があり、補習授業校の募集に応募して採用された。専攻は文学だが、日本で教職も学んできた。教育実習では高校生に平家物語を教えた。小学校二年生を教えることになり、いま感じていることは、「日本語が通じない！」。隣の一年生をみると、先生の話がちゃんとわかっているようなので、外国にいるからというわけではなさそうだ。二年生を教えるのは自分一人、相談相手もいないので心細い。正直なところ、補習授業校でもらう給料は生活の支えになっている。

E先生

大学教員。子どもの入学手続きに来たところ、ぜひ教えてと頼まれた。中学生の国語を担当。

小学生だった息子が中学生になるので担当を変えてほしいと希望したが、変わる人がいないからとそのまま教えることになった。息子は先生の教え方が下手だからつまらないなどと憎まれ口をきくが、しかたがない。通信簿のコメントは自分で書いたものを自分で読んでサインする。これもいずれは家族の楽しい思い出になると思っている。

F先生

夫の赴任で地方都市に住むことになった。小学生の二人の子どもがいるが、通える範囲に補習授業校はない。近くに日本人の子どもたちが何人かいて、親は子どもたちの日本語をどう育てるか悩んでいることがわかった。これから日本人の駐在員が増えることになりそうなので、保護者が集まって相談し、補習授業校を立ち上げることになった。地元の学校区と交渉の結果、ミドルスクールの教室を土曜日に借りられることになった。先生は、日本出身のお母さんたちが中心で、日本生まれで日本語が堪能なアメリカ人の大学生も手伝ってくれている。一年生を教えるのは難しそうだということでなり手がなく、先生集めの中心になってきたF先生自身が引き受けることになった。日本の学校で教えたことのある先生はいないので、手探りの状態である。

学校には、教室で教える先生だけでなく、校長をはじめいろいろな仕事が必要です。先生以外の職員や運営委員、保護者なども補習授業校を支えています。規模の大きなところでは、オフィスに専任のスタッフがいる場合もあるし、校長や教頭が日本から派遣されている場合もあります。しかし、フルタイムの職員がいる学校は限られます。実にさまざまなバックグラウンドを持つ大人たちによって、補習授業校は支えられているのです。

二節　補習授業校の先生たちの「研修」

子どもたちをしっかり育てようという気持ちがあっても、大勢の子どもたちを前にして一日数時間の授業をこなしていくことは容易ではありません。

小さい子どもたちであれば、先生の意図が十分に理解できなかったり、与えられた課題が自分にとって興味が持てないものだったりすると、すぐに集中力がなくなって、動き始めてしまいます。勝手に歩き回るとけがの危険もあります。少し怖い顔をみせて短い間おとなしくさせることができたとしても、それは続きません。少し大きくなると、走り回ったりはしなくても、授業に関係のないおしゃべりを始めたり、だらだらとした態度をみせたりするようになります。中学生ぐらいになれば、あからさまに先生を批判したり、反抗したりする生徒も出てきます。

なかなか授業がうまくいかないと、先生自身も元気がなくなってきます。納得できる準備ができなくて教室へ行く足取りが重くなってしまうようなときは、どんな先生でも経験していることかもしれませんが、それが誰にでもあることを教えてくれる先輩がいれば幸いです。そのまま自信をなくして続かなくなる残念な場合もあるのです。

フルタイムの先生であれば、かなりの時間をかけて研修する機会を与えられます。他の先生の授業をみる機会もあるし、同じ学年を担当する先生同士の情報交換の機会もあります。子どもたちにやる気を起こさせるアイディアや、さまざまな指導技術や教材を学ぶこともできます。特に、先生になったばかりのときには特別に組まれたプログラムの中で「初任者研修」を受けます。当然のことながら、このような研修は本来の教員の仕事として勤務時間の中で行われます。もし、D先生にこのようなチャンスがあったら、「一年生に伝わる話し方」を経験のある先生から学ぶことができ、少しは自信を持って子どもたちに対することができるようになることでしょう。

多くの補習授業校では、計画的に「校内研修」が行われています。しかし、授業が終わってからの勤務時間はほんの少ししかありません。その中でやらなければならないことはたくさんあるので、たまに「研修会」が持てたとしても一人ひとりの先生のニーズに応えることは到底できません。先生方に時間がないことが一番の難点ですが、学校の仕事として研修をやってもらうとなると、その時間を勤務として契約しなければならず、限られた財政の中で運営している補習授業校には研修の時間が負担になってしまうという苦しさもあります。

第九章でみていただいたように、補習授業校の授業を充実させる方法は、多くの補習授業校ですでに蓄積されているし、これからもつぎつぎに生まれてくるに違いありません。それを多くの先生たちに伝えることができれば、補習授業校の授業は子どもたちにとっても先生たちにとってもより楽しいものになるし、先生たちの授業を準備する苦労も軽くすることができるはずなのですが、それをすることは、一つ一つの補習授業校では大変難しいのです。

三節　先生たちのネットワークを

このプロジェクトの活動を始めるにあたって、たくさんの補習授業校の先生方にいま一番望むことをうかがいました。その中で特に多かったのが、「相談相手がほしい」ということでした。小さい補習授業校では、一つの学年を教える先生が一人しかいません。場合によっては複数学年を一人ということさえあります。大きなところでは同じ学年を教える先生が複数いる場合もありますが、それでも普段は同時に授業をやっているし、授業時間以外に自由に話せる時間は少ししかありません。最低限の打ち合わせはできても、実際の授業は一人でつくっていくしかありません。同じ学年を教える先生とゆっくり相談ができたら、同じような悩みを相談し合うことができたら、という気持ちはよくわかります。

実は、世界中の補習授業校では、同じ教科書が使われています。同じ学年の子どもたちに同じ題材を使って授業をする先生たちは、世界中にたくさんいるのです。その先生たちが結びつくことができれば、授業のアイディアを交換したり、やってみた経験を交流したり、一緒に教材を開発したりすることができます。可能性はどんどん広がっていきます。

これまでは、物理的な距離が決定的な壁になっていました。ところが、インターネットを使ったコミュニケーション・ツールの発達によって、この問題を一気に解決することが可能になりました。オンライン会議のシステムを使えば、高い費用をかけなくても世界中どことでも手軽に会話やミーティングができるようになったのです。いよいよチャンス到来といえます。

わたしたちのAG5プロジェクトでは、二〇一八年度から、オンライン会議のシステムを使って研究会を行ってきました。新しいツールに慣れている先生たちは多くないので、最初のうちは二の足を踏む方もいました。しかし、子どもたちを楽しく学ばせたいという意欲が勝り、コンピュータは苦手という先生たちも加わるようになりました。回を重ねるごとにスムーズに会が進行するようになり、参加者の数も増えてきました。リラックスして参加できるようになると、話もはずむようになります。スクリーンをとおしてではありますが、いくらか顔なじみもでき、仲間という感覚が持てるようになってきました。

また、フェイスブックに「補習校教員交流」のグループを立ち上げて、先生たちが発信できる場をつくりました。こちらは、思いつくままに気軽に投稿してもらえるような場になってほしいと思っています。グループのメンバーの数は、一歩一歩という感じではありますが着実に増え続け、補習授業校という共通のテーマを持ってつながってくださる方が世界中にいることに、確かな手ごたえを感じるようになってきました。そして、同時に、こえていかなければならないハードルもみえてきました。

四節　結びつき、高め合うために

あるとき、校長、教頭、事務長など、主に補習授業校の管理的な立場の方々が集まる研究会でこのような話をしたところ、先生たちがつながることが心配だと言う方が何人かいました。先生たちの間で情報交換が行われるようになると、補習授業校間のいろいろな条件の違いが明らかになって、それが不満のもとになったり、他校と比べて自分の学校の運営を批判したりすることにならないかというのです。確かに、ネット上には建設的とはいえない書き込みが飛び交っていますから、先生たちをつなぐ活動が本来の目的を逸脱しないように絶えず注意していなければなりません。しかし、「知らないから幸せ」ということでは進歩がありませんから、みなさんに他校のことも知った上で自校の状況を正しく理解するという姿勢を持っていただくようにお願いしていかなければなりません。

新しい情報や研究の成果などを誰かから教えてもらうという研修ももちろん意味があるのですが、授業に直接役に立つことを学ぶためには、やはり具体的な授業を材料にして話し合うことが一番です。そのためには、誰かに授業を公開してみせてもらわなければなりません。本来でいえば、普通に行う授業をただみせてもらえばいいのですが、実際にはなかなか簡単ではありません。どの先生にしても、つねに一〇〇％の自信を持って準備万端で授業を行っているのではないので、人にみせるのはやはり抵抗があるのです。

このような授業を「研究授業」といいますが、研究授業を頼まれて断るときによく使われる表現に「おみせできるような授業ではありませんから」というのがあります。みせるならよいものをみせたいというのは自然な気持ちでしょう。しかし、もともと授業は子どもたちの力を伸ばすためのものであって、みせるためのものではありません。お手本になるような授業をみせるのが目的ではないのですから、「うまくいかないことがむしろ勉強になる」という気持ちで授業をみせ合うことができるようになるのが理想なのです。

日本の学校の「〇〇科研究発表会」のようなイベントでは、明らかに「みせるため」の特別な授業を行っている場合が少なくありません。けっしてそれが悪いわけではありませんが、本来子どもたちのために使うべきエネルギーがずれた方向に使われるのは残念です。先生たちに「学校の代表なので恥ずかしい授業はみせられない」というような気持ちを持たせるプレッシャーは、研修の本来の目的のためには妨げになります。補習授業校の先生たちには、純粋に「子どもたちのために力を高める」ということだけを目的に研修ができるような環境を提供したいものです。

「研究・研修のための時間がない」という問題はつねに存在します。しかし、研究・研修をすることは新しいアイディアや方法を獲得して引き出しが増えることになるので、その結果授業の準備がしやすくなり時間が節約できるということでもあるのです。「時間がない→学べない→楽にならない」という悪循環をどこかで断ち切りたいところです。補習授業校の先生たちにとっての研修の機会は、「できるときに」「できる分だけ」「必要なことだけ」というような柔軟なものでなければなりません。一方で、いくらか時間がとれる環境にあるときは少し濃い内容で取り組めることも必要です。

このプロジェクトでは、「協力者」という名前で一緒に研究する先生方をお願いしています。メンバーとなった方は、研究グループからのメールを受けとるだけというレベルから、学習活動計画の作成に積極的に関わったり、研究授業を提供したりするレベルまで、ご自身が無理のない方法で参加していただくようにしました。一人の人でも、たとえば自分の子どもの成長によって、どれだけの時間が自由になるかが変わってきます。いまは受けとるだけの方でも、何年か後には提供する側になるかもしれません。リタイアして時間ができた方なら、いろいろなアイディアを考えだしたり、若い先生たちの相談に応えたりすることができるでしょう。

補習授業校の先生たちの強みは、何といっても「学校以外の世界を知っている」ということです。「これまでの学校の常識を知らない」ということも、新しい発想で授業を考えるにはプラスになることが少なくないと思われます。たとえば、日本の学校では長い間練習を繰り返して運動会を行うのが普通で、日本の先生たちは、運動会とはそういうものだと思っています。

日本で長い経験を積んだある先生は、ほとんど練習もしないで行う補習授業校の運動会で子どもたちが生き生きと活動しているのをみて、学校行事の本来の意味を考え直したといいます。この先生が、日本に帰って自分の学校の運動会の不合理な点を改善することができたなら、補習授業校が日本の学校をよくするはたらきをしたことになります。

補習授業校の先生たちがつながっていくことは、その先生たち自身に大きな意味があることにまちがいありませんが、このつながりを日本国内の学校や、外国の学校の先生たちに広げていくこともできるかもしれません。補習授業校は、まだまだ一般に広く知られているとはいえませんが、子どもたちにとっても、大人にとっても、いろいろな可能性を秘めた期待の存在なのです。

コラム⑬

補習授業校バンク

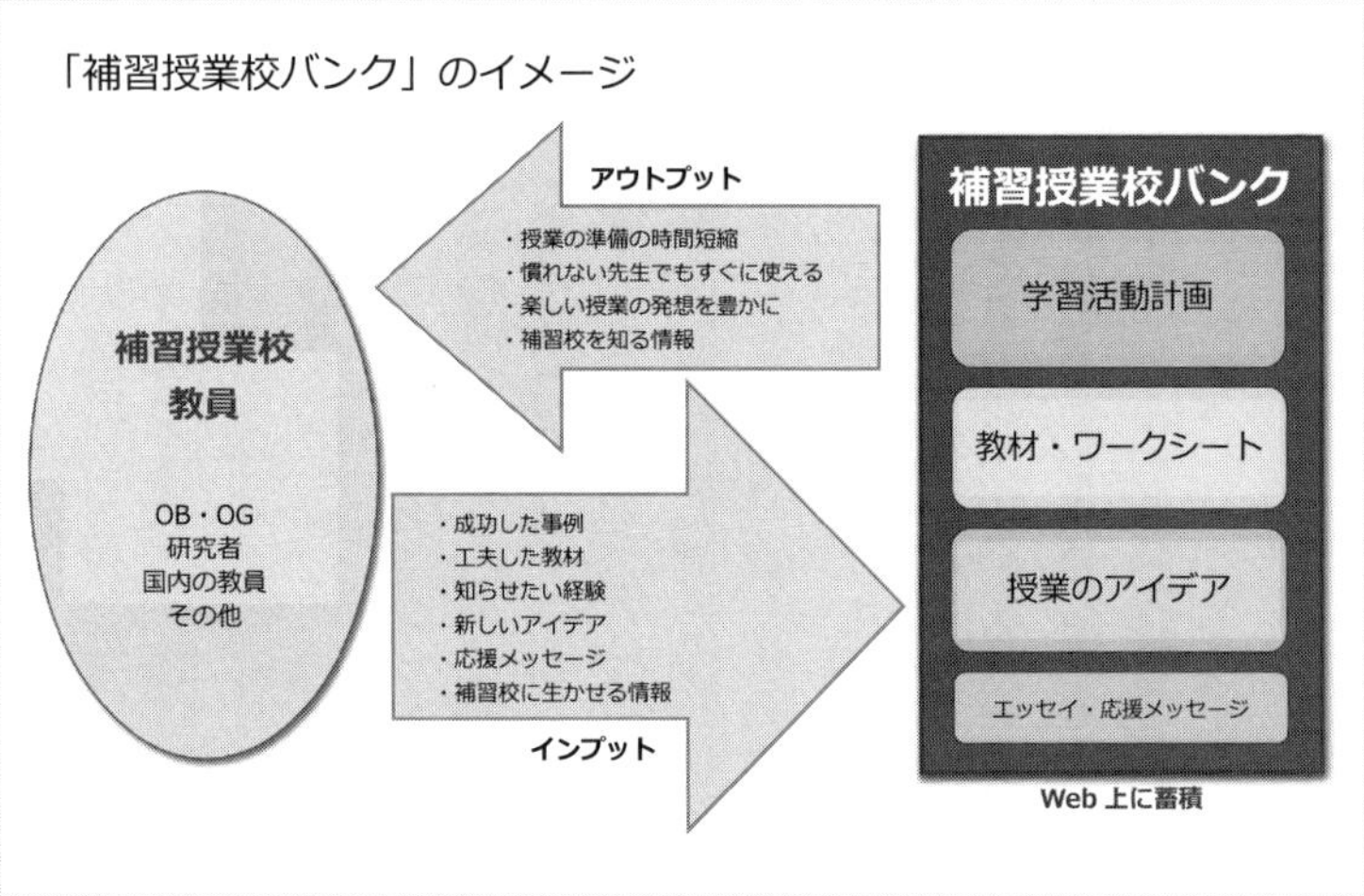

図は、AG5で考えた「補習授業校バンク」のイメージです。補習授業校の先生たちと先生を応援する人たち（図左、楕円枠内）が自由なかたちで無理なく結びついて、与え合い、受けとり合う場ができればと思います。現に補習授業校で教えている先生たちだけでなく、前に教えた経験のある方、補習授業校とは別のところで教えている方、日本国内に住んでいる方、何かのきっかけで関心を持ってくださった方、いろいろな方々が補習授業校という場をとおしてつながり合えば、多くの実りがあることでしょう。

（佐々信行）

Ⅳ部　海外で学ぶ子どもの教育の未来

第一一章 新たな教育の方向性

佐藤郡衛　中村雅治
植野美穂
見世千賀子
近田由紀子
岡村郁子　渋谷真樹
佐々信行

一節　グローバルな信頼と団結を

二〇二〇年四月時点で、わたしたちは大きな危機に直面しています。コロナウイルスが世界を席巻し、各国は他国からの出入国を厳しく制限し、大きな壁をつくらざるを得なくなっています。世界的な哲学者であるユヴァル・ノア・ハラリは、「人類はコロナウイルスといかに闘うべきか」をＴＩＭＥ誌に寄稿しています。そこで、「感染症を封じ込めるのに短期の隔離は不可欠だとはいえ、長期の孤立主義政策は経済の崩壊につながるだけで、真の感染症対策にはならない。むしろ、その正反対だ。感染症の大流行への本当の対抗手段は、分離ではなく協力」だと指摘しています。そして、「感染症を打ち負かすためには、人々は科学の専門家を信頼し、国民は公的機関を信頼し、各国は互いを信頼する必要がある。（中略）もしこの大流行からより緊密な国際協力が生じれば、それは新型コロナウイルスに対する勝利だけではなく、将来現れるあらゆる病原体に対しての勝利ともなることだろう」とグローバルな信頼と団結の必要性を主張しています（柴田裕之訳、http://web.kawade.co.jp/bungei/3455/）。この「グローバルな信頼と団結」こそ、わたしたちが目指すべき方向性です。それは「グローバル益」を追求することです。「国益」だけでなく、「グローバル益」を追求できるような人材の育成が必要になっています。「国益」は短期的で誰にでも理解しやすい内容であり、しかもそれを推進する国家という組織があるのに対し、「グローバル益」は推進する国家のような組織は存在しません。唯一あるのはその価値を認める世界中の人たちです。その意味でも「グローバル益」追求のためにはその価値を認める人材の育成が不可欠です。海外で学ぶ子どもの教育は、これからこうしたグローバル人材の育成を目指すべきでしょう。こうした取り組みがいまいくつかの海外の日本人学校や補習授業校で行われるようになっています。

二節　日本人学校の新しい姿

まずは、香港、シンガポール、パリの日本人学校の取り組みです。三校とも探究学習をとおしてグローバル人材の育成を目指す取り組みが行われています。探究学習で取り上げるトピックは学校によって異なりますが、いずれの学校でも、子どもたちの身の回りの課題を切り口に、国際的な課題について探究することで、さまざまな課題の解決につながる価値観や行動にふみだせる資質・能力を育てる学びの場へと、学校を変えていこうとしています。

また、グローバル人材となるためには、それぞれの置かれた地で、学ぶべきことがたくさんあります。パラグアイのアスンシオン日本人学校では、苦難を乗りこえ、現地国に貢献している日系移民の歴史を学ぶことで、多文化社会の人権や市民権、異なる文化的背景を持つ人々と協働する意義、そしていま自分がこの国にいる意味を学んでいます。欧州であれば、現地の子どもたちが必ず学んでいるホロコーストは重要なテーマとなります。それぞれの地で、リアリティを持ってとらえられる事象を柱に、多様な人々と思考を交流させることで、豊かな学びを実現し、人類共通の課題に取り組む行動力を身につけさせることが必要です。日本人学校には、多様性を尊重し、失敗を恐れず挑戦する者、ものごとに一生懸命取り組む者を応援する学校文化があります。そこからグローバルな新しい価値を生み出していくことができます。

三節　子どもの多様化をいかすこと

海外での子どもの多様化も進んでいます。こうした多様化は、日本国内の学校を基準にすると肯定的にはとらえられません。しかし、日本人学校や補習授業校の子どもの多様性に注目し、バイリンガル・バイカルチュラルの強みをいかすこと、アイデンティティやエンパワメントにも目を向けることで、新たな教育の可能性を開けることを本書では示してきました。その際、多様性という言葉一言でくくるのではなく、グローバル環境で育つ個々の子どもの繊細さや複雑さに丁寧に向き合うこと、多彩な学習活動で子どもたちの力強さを引き出すことが必要です。そうすることで、子どもたちは自信を持ち、共感的に理解したり考えを深めたりしながら創造的な学び合いへと向かうことができます。新たな知の獲得や価値観の形成のみならず、自分とは異なる人と協力し信頼関係を築くことを体得していくのです。こうした取り組みは、子どもだけでなく、先生方がグローバルな力をつけていく上でもおおいに役立つものです。複雑化への挑戦や協力が鍵となる新たなグローバル社会の到来を目前にして、それを先取りするかのように始まった日本人学校や補習授業校の取り組みは、急速に変化する国内外の教育にとっても役立つことでしょう。

特に、補習授業校の子どもの多様化が進んでいます。こうした多様な子どもたちを分けて教育するのではなく、ともに学ぶ教育が必要です。わたしたちのプロジェクトの取り組みから、家庭環境や言語環境、日本語の力などにいろいろ違いがあっても、子どもたちが一緒に力を伸ばしていく授業によって多様な子どもたちがともに成長していくことがわかりました。これまでのかたちにとらわれず、子どもたち自身と向き合い、科学的な研究の成果をいかし、創意工夫していくことで、新しい教育の場を現実のものとすることができるのです。

四節　境界をこえている子どもたち

本書で紹介したアメリカの補習授業校を対象とした調査では、「将来日本以外の国で仕事をしたい」と答えた子どもたちが六割をこえる一方、「日本で仕事をしたい」という回答も、同じく六割に上りました。一見矛盾するこの結果は、海外で学ぶ子どもたちにとって、その両者に大きな区別はないことを示しています。あるいは、「どの国で働くか」という問いそのものが、もはや成り立たないのかもしれません。世界を舞台に将来を描く子どもたちが、海外でたくさん育っています。このような日本につながる子どもたちを積極的に後押しすること、また、将来「日本とつながっていてよかった」と思えるような日本社会を築くことが、わたしたちの任務ではないでしょうか。

しかも、国や地域の枠をこえた学びも可能になっています。特に、コロナウイルス対策を機に、教育のＩＣＴ化は一気に加速しています。オンラインで遠隔授業をしているということだけでは、もう斬新さはありません。多様な経験や意見がまじりあい、新しい考え方や価値観を生み出してこそ、意味があるのです。世界のさまざまな場所で育つ子どもたちがつながり、地球的な課題を自分事として考え、未知の課題に取り組んでいくことができるような学びの場を提供していきたいものです。

子どもたちだけでなく、大人の方も「主体的・対話的で深い学び」をしていく必要があることはいうまでもありません。技術の進歩によって、物理的には離れた場所にいても知恵や経験を交流し合うことが容易になりました。いままでは孤独に悩みがちだった補習授業校の先生たちも、いまは仲間とつながり合うことができます。日本の教育界の常識が通用しない場所で子どもたちの現実の姿と向き合う先生たちからは、いままでにないアイディアや方法が生まれてくるかもしれません。いろいろな立場で教育に携わる人たちがつながっていくことで新しい教育のあり方もみえてきます。

五節　グローバル時代のフロンティアとして

わたしたちは、日本人学校や補習授業校が日本の学校を後追いする「日本に準じた学校」を目指すのではなく、海外で学ぶからこその「グローバル時代のフロンティア」になることを提案しました。これまで日本人学校も補習授業校も、将来帰国して日本で学ぶときに困らないようにすることが目的とされてきました。こうした教育のあり方を転換する必要があることを最後にまた強調しておきます。

海外にいることで日本を相対化してみられることや、多様な文化を実体験していることは、海外で学ぶ日本の子どもたちの強みです。子どもたちの日本語力や成育歴、将来は多様ですが、海外に暮らしながら日本につながっていることは共通です。その共通性を核に学び合いの場を築いて、グローバルに、かつグローカルに活躍できる次世代を育てることが、日本人学校や補習授業校ならではのミッションではないでしょうか。

おわりに

この本を執筆中に、コロナウイルスの世界的な大流行（パンデミック）が始まりました。世界の多くの国で人の行き来も経済活動もストップしています。コロナウイルスが一日も早く終息し、世界が日常の生活が取り戻せるようになることを願ってやみません。

本書のもとになっているのは、ＡＧ５（Advanced Global Five Projects）という文部科学省の「在外教育施設の高度グローバル人材育成拠点事業」です。本書ではこれまでの取り組みにとどまらず自分たちの主張や意見を交えて新しい海外の子どもの教育について提案しました。なお、ＡＧ５の成果については日本人学校・補習授業校応援サイトＡＧ５（https://ag-5.jp）を参照してください。

わたしたちは、五年ほど前から中村理事長のもとで海外子女教育振興財団が主催する調査研究に携わり、文部科学省からの受託研究を進めてきました。ほぼ月に一回ほどのペースでさまざまな議論を重ね、その成果をもとにここにようやく一冊の本としてまとめることができました。これまで多くの方々にご協力いただきました。まずなによりこのプロジェクトを一緒に進めてきたメンバーの方に深く感謝申し上げます。本書がこうした方々との共同研究の成果であることはいうまでもありません。また、関係する日本人学校、補習授業校の子どもたち、先生方、運営委員や保護者の方々をはじめ、文部科学省の関係部局の方にもご協力とご支援をいただきました。実務を支えていただいたのは海外子女教育振興財団職員のみなさんです。みなさんの支えがなければこの本は日の目をみることはなかったでしょう。ここに深く感謝申し上げます。また、わたしたちの出版を快く引き受けていただいた明石書店の大江道雅社長、丁寧な編集作業をしていただいた編集者の岡留洋文さんにも心から感謝の言葉を申し上げます。

執筆者一同

『異文化間を移動する子どもたち――帰国生の特性とキャリア意識』（明石書店、2017年）
『補習授業校児童生徒の学習状況調査等報告書』（共著、海外子女教育振興財団、2018年）

渋谷　真樹（しぶや　まき）　[8章2節、9章4節、11章]

奈良教育大学教授を経て、2020年4月より日本赤十字看護大学教授。専門は異文化間教育学／博士（人文科学）。
〈主な著書・論文等〉
『「帰国子女」の位置取りの政治――帰国子女教育学級の差異のエスノグラフィ』（勁草書房、2001年）
『「往還する人々」の教育戦略――グローバル社会を生きる家族と公教育の課題』（共著、明石書店、2013年）
『日本の外国人学校――トランスナショナリティをめぐる教育政策の課題』（共著、明石書店、2014年）
『異文化間に学ぶ「ひと」の教育』（共著、明石書店、2016年）

佐々　信行（さっさ　のぶゆき）　[9章1節、9章2節、10章、11章]

横浜市立小学校教諭、バージニア州フェアファックス郡公立学校教諭、ハンブルク・ワシントン補習授業校教諭、啓明学園初等学校・中学校高等学校校長を経て、2014年4月より海外子女教育振興財団教育相談員。専門は海外・帰国子女教育。
〈主な著書・論文等〉
「ヴァージニアだより・ヴァージニア日記」（『海外子女教育』1993-95、海外子女教育振興財団）
「がんばれ補習校」（『海外子女教育』1998-99、海外子女教育振興財団）

見世　千賀子（みせ　ちかこ）　[5章、7章、11章]

筑波大学教育学系助手、東京学芸大学海外子女教育センター講師、東京学芸大学国際教育センター准教授を経て、2022年4月より、東京学芸大学先端教育人材育成推進機構准教授（学内組織再編による）。専門は比較・国際教育学、海外子女教育、市民性教育／修士（教育学）。

〈主な著書・論文等〉

『日本人学校における日本語補習のための学習活動案集――台北 日本人学校の実践から』（編著、海外子女教育振興財団、2019年）

「オーストラリアの主権者教育」（『Voters』No.51、2019年）

『在籍学級における日本語支援の視点を取り入れた授業づくりの手引き――台中日本人学校の実践から』（編著、海外子女教育振興財団、2020年）

『わたしたちのパラグアイ 第3版』（監修、アスンシオン日本人学校、2020年）

近田　由紀子（こんだ　ゆきこ）　[6章、9章3節、11章]

静岡県公立小学校教諭、香港日本人学校教諭、米国イースタンミシガン大学客員研究員、文部科学省外国人児童生徒等教育支援プロジェクトオフィサー、目白大学専任講師などを歴任した。2022年11月逝去。専門は海外・帰国児童生徒教育／博士（小児発達学）。

〈主な著書・論文等〉

「外国につながる子どもの情報を共有し支援のニーズを知る」（東京外国語大学多言語・多文化教育研究センター『シリーズ多言語・多文化協働実践研究』No.9、2009年）

『外国人児童生徒の学びを創る授業実践 ――「ことばと教科の力」を育む浜松の取り組み』（共編著、くろしお出版、2015年）

「多文化な子供たちと共に学ぶということ」（目白大学教育研究所『人と教育』No.14、2020年）

岡村　郁子（おかむら　いくこ）　[8章1節、9章5節、11章]

ニューヨーク補習授業校、サラ・ローレンスカレッジ、東京大学、お茶の水女子大学等の勤務を経て、現在、東京都立大学（元 首都大学東京）教授。専門は異文化間教育・心理学、日本語教育学／博士（人文科学）。

〈主な著書・論文等〉

『多文化共生論――多様性理解のためのヒントとレッスン』（共著、明石書店、2013年）

「海外経験によって得られた帰国高校生の特性とその関連要因」『異文化間教育』38号（異文化間教育学会、2013年）

著者紹介（執筆順）

中村　雅治（なかむら　まさはる）　［はじめに、11章］

東京海上火災保険株式会社（現東京海上日動火災保険）常務取締役、損害保険関連会社代表取締役、米国ソフトウェアー会社アジア地区責任者、東京学芸大学客員教授、公益財団法人海外子女教育振興財団理事長などを歴任した。この間、2度のアメリカ駐在に加え、アジア地区での新規事業などの立ち上げを行ってきた。

佐藤　郡衛（さとう　ぐんえい）　［1章、2章、3章、11章］

東京学芸大学教授、理事・副学長、目白大学学長、明治大学国際日本学部特任教授などを経て、現在、東京学芸大学名誉教授、目白大学名誉教授。2020年から国際交流基金日本語国際センター所長を兼務。専門は異文化間教育学／博士（教育学）。

〈主な著書・論文等〉

『アメリカで育つ日本の子どもたち――バイリンガルの光と影』（共編著、明石書店、2008年）

『異文化間教育――文化間移動と子どもの教育』（明石書店、2010年）

『聞いてみました！ 日本にくらす外国人（全5巻）』（監修、ポプラ社、2018年）

『多文化社会に生きる子どもの教育――外国人の子ども、海外で学ぶ子どもの現状と課題』（明石書店、2019年）

植野　美穂（うえの　みほ）　［4章、11章］

東京学芸大学附属高等学校大泉校舎教諭、東京学芸大学附属国際中等教育学校主幹教諭を経て2009年4月より財団法人海外子女教育振興財団教育相談員、2015年4月より公益財団法人海外子女振興財団教育相談室長。専門は海外・帰国子女教育、数学教育／修士（教育学）。

〈主な著書・論文等〉

「帰国生から見た数学の授業の国際比較」（『学芸大数学教育研究』第4号、1992年）

『世界をひらく数学的リテラシー』（共著、明石書店、2007年）

海外で学ぶ子どもの教育
――日本人学校、補習授業校の新たな挑戦

2020年 8月20日　初版第1刷発行
2023年12月20日　初版第3刷発行

著　者　佐藤郡衛
中村雅治
植野美穂
見世千賀子
近田由紀子
岡村郁子
渋谷真樹
佐々信行
発行者　大江道雅
発行所　株式会社明石書店
〒101-0021 東京都千代田区外神田6-9-5
電　話　03（5818）1171
FAX　03（5818）1174
振　替　00100-7-24505
https://www.akashi.co.jp/
装丁　株式会社トック企画
印刷・製本　モリモト印刷株式会社

ISBN978-4-7503-5072-1
（定価はカバーに表示してあります）